I0332926

Stanley Lane-Poole

Catalogue of the Collection of Arabic Coins Preserved in the Khedivial Library at Cairo

Stanley Lane-Poole

Catalogue of the Collection of Arabic Coins Preserved in the Khedivial Library at Cairo

ISBN/EAN: 9783744755283

Printed in Europe, USA, Canada, Australia, Japan

Cover: Foto ©Andreas Hilbeck / pixelio.de

More available books at **www.hansebooks.com**

ARABIC COINS AT CAIRO

OF THE COLLECTION OF

ARABIC COINS

PRESERVED IN THE

KHEDIVIAL LIBRARY

AT

CAIRO

BY

STANLEY LANE-POOLE, M.A.

AUTHOR OF THE CATALOGUES OF ORIENTAL AND INDIAN COINS IN THE BRITISH MUSEUM AND IN THE BODLEIAN LIBRARY; "THE ART OF THE SARACENS IN EGYPT;" "CAIRO: HISTORY, MONUMENTS AND SOCIAL LIFE;" "MOHAMMADAN DYNASTIES," "STUDIES IN A MOSQUE," ETC.

LONDON

BERNARD QUARITCH, 15 PICCADILLY

1897

LONDON
PRINTED BY GILBERT AND RIVINGTON, LTD.
ST. JOHN'S HOUSE, CLERKENWELL, E.C.

PREFACE

The collection of Arabic coins, numbering some three thousand pieces, preserved in the Khedivial Library at Cairo, was formed by the late Edward Thomas Rogers during his long official residence in Egypt, and was purchased from his executors in November, 1884, by the Egyptian Government, on the recommendation of H.E. Yacoub Artin Pasha, Under-Secretary of the Ministry of Public Instruction, himself a numismatist of distinction. A certain number of specimens found in Egypt have since been added, but these constitute an inconsiderable fraction of the whole collection.

Edward Thomas Rogers began his official career in the British Consular service in Syria, and afterwards was appointed Consul at Cairo. He then entered the Egyptian service, and became the accredited Agent of H.H. the Khedive Isma'il in England. Returning to Cairo, he held posts first in the Ministry of Public Instruction, and later in that of the Interior. He will, however, be remembered especially for his labours and researches in the province of Saracenic or Mohammadan archaeology. An accomplished Arabic linguist, he took a keen interest in everything relating to the history, art, and antiquities of the Mohammadan East, and especially of Cairo. He was one of the leading and most energetic members of the Commission for the Preservation of the Monuments of Arab Art, which owed its existence in a large degree to his efforts. The

Egyptian Institute also received his warm support, and it was before this society that he developed his original and important researches in the then almost untouched subject of Saracenic heraldry. He was one of the first to investigate the history and uses of Arabic Glass Weights, of which he possessed a fine collection (now in the Khedivial Library), which he described and illustrated in the *Journal of the Royal Asiatic Society*. His constant exploration of the monuments of Cairo resulted in valuable discoveries, such as that of the tombs of the later 'Abbāsid Caliphs, and some of these he published in English periodicals. But Arabic numismatics was perhaps his most absorbing study, and his papers in the *Numismatic Chronicle* and the *Journal of the Royal Asiatic Society* materially advanced our knowledge of this branch of science. It was an appreciable loss to the study of Saracenic archaeology when, in the midst of his varied labours, Rogers Bey was cut off at the age of 53 on the 10th of June, 1884.

The following Catalogue was undertaken at the invitation of the Egyptian Government, and necessitated two visits to Cairo, in the summer of 1895 and the winter of 1896-7. The system adopted is practically the same as in my *Catalogue of Oriental Coins in the British Museum*, but the transliteration of Arabic names is that used in my tables of *The Mohammadan Dynasties*. The only detail in this which requires explanation is the use of an italic *l* in *al* when the article precedes one of the *shamsīya* consonants, to which the *l* is of course assimilated. Thus A*l*-Rashīd is to be pronounced Ar-Rashīd. The point (·) in such names as Al-Mu·ayyad indicates a medial *hamza*; but the initial and final *hamza*, and the final (inflectional) *h*, ة (or *tā marbūta*) in such names as Al-Baṣra(h), are not represented, since they are obvious to every scholar and do not affect pronunciation. Every final *a* in this Catalogue implies ةـ, unless it has the long mark, *ā*. On the other hand, the final radical *h*, ه, is always retained. In the names of well-known cities still in existence, the ordinary English spelling is adopted, but the Arabic form is added on the first occurrence of the name, as Aleppo (Ḥalab).

The special strength of the collection lies in the series of coins of the Omayyad and ʻAbbāsid Caliphs, and naturally in the issues of the various Egyptian dynasties, Ṭūlūnids, Ikhshīdids, Fāṭimids, Ayyūbids, and Mamlūks, and of the Cairo mint under the ʻOthmānlī Sulṭāns. In all these the Cairo cabinet does not fall very far short numerically of the great collections of London and Paris. In some cases it even excels them. For example, the Cairo series of coins of the Omayyad and ʻAbbāsid Caliphs numbers 902, to 1052 in the British Museum; the Cairo Ṭūlūnids are 34, to 25 in the British Museum; and the Cairo Fāṭimids are 335, to 290 in the British Museum. For purposes of comparison, references have been given to the Catalogues of the British Museum or of the Bibliothèque Nationale (so far as the latter had been printed when this Catalogue was written) whenever coins in the Cairo cabinet are practically identical with those in the London or Paris collections; and it will be seen that a very considerable number of pieces described in this volume are not represented in either. Many of these merely supply new dates or mints, but others present details of greater historical interest. The dirham no. 368 shows the very rare mint Ḳaṣr-*al*-Salām, a mere castle close to *Al*-Raḳḳa. No. 553 presents the earliest occurrence of a mint-name on a dīnār, occurring in an almost unique position, beneath the obverse area, instead of in the margin. It is remarkable that of six coins of the scarce Caliph al-Mu'taṣim, only one is duplicated in the British Museum, and none at Paris. The dīnār no. 619 with the mint Baḥrayn beneath the rev. is unique. No. 640 is one of the half-dozen coins so far known of the dynasty of the Sājids. The first two dīnārs of the Fāṭimid Al-Mu'izz present features of unusual interest: the first has the mint-name Miṣr (*i.e.* al-Fusṭāṭ), A.H. 341, though Egypt was not conquered till A.H. 358; the second is remarkable for two marginal inscriptions containing religious formulae which occur at no other time. No. 1268 adds another to the scanty list of coins struck in the name of "the Expected Imām" or Mahdī. The collection also possesses the earliest known coin of the Murābiṭ Yūsuf b. Tāshfīn, some rare issues of Sāmānid usurpers, unique or very rare specimens of the 'Oḳaylids, Ḳarmaṭids, Ḥasnawayhids, Mirdāsids, Ḥamdānids, etc.

But it is needless to multiply instances: a study of the Catalogue will show that the Cairo cabinet of coins has ample justification for taking its place beside the important collections of Europe.

For the history and genealogy of the various dynasties, I must refer the student to my *Mohammadan Dynasties* (Constable, 1892).

I must express my sincere thanks to H.E. Yacoub Artin Pasha for the facilities he has kindly given me in every way in the preparation of this work, in which he has throughout taken a special interest; and also to Professor Dr. B. Moritz, Director of the Khedivial Library, for many marks of courtesy and attention.

STANLEY LANE-POOLE.

CONTENTS

	PAGE
PREFACE . .	. vii
Omayyad Caliphs .	1-26
Gold . . .	4
Silver	11
Abū -Muslim . . .	26
'Abbāsid Caliphs . .	27-108
*-Saffāḥ . . .	31
-Manṣūr . . .	33
-Mahdī . . .	40
-Hādī . . .	47
-Rashīd . .	48
-Amīn . .	62
-Ma'mūn .	65
-Mu'taṣim	74
-Wāthiḳ . . .	76
-Mutawakkil	78
-Musta'īn .	80
-Mu'tazz . .	81
-Mu'tamid .	82
-Mu'taḍid . .	86
-Muktafī .	88
-Muḳtadir . .	90
-Ḳāhir . .	97
-Rāḍī .	98
-Muttaḳī . . .	102
-Nāṣir . .	103
-Ẓāhir . .	105
-Mustanṣir . .	106
-Musta'ṣim . .	107

	PAGE
Early Copper .	109-116
Byzantine type . .	109
With Formulas of Faith .	111
With Mint . . .	113
With Mint and Date .	115
Copper of 'Abbāsid Governors	117-123
Under -Saffāḥ . .	117
„ -Manṣūr . .	117
„ -Mahdī . .	120
„ -Rashīd . .	121
„ -Ma'mūn .	122
„ -Mustanṣir . .	123
Aghlabids of Afrīḳīya	125-131
'Abdallāh I. . .	127
Ziyādat-Allāh I. . .	128
Moḥammad I. .	129
Aḥmad	130
Moḥammad II. .	130
Ibrāhīm II. . .	131
Dynasties of Egypt and Syria	133-278
ṬŪLŪNIDS . . .	133-141
Aḥmad b. Ṭūlūn	135
Khumārawayh . .	137
Jaysh .	139
Hārūn .	140
IKHSHĪDIDS . .	142-6
Moḥammad al-Ikhshīd .	143

* The prefixed article *al* is omitted in the table of contents, and represented by a hyphen.

	PAGE
Abū-l-Ķāsim	144
'Alī	145
[Kāfūr]	146
Fāṭimids	147-199
-Mahdī	148
-Ķā'im	150
-Manṣūr	151
-Mu'izz	152
-'Azīz	158
-Ḥākim	163
-Ẓāhir	169
-Mustanṣir	174
-Musta'lī	186
-Āmir	188
-*Muntaẓar*	194
-Ḥāfiẓ	195
-Ẓāfir	197
-Fā'iz	198
-'Āḍid	199
Crusaders' Imitations	200
Ayyūbids	201-238
I. Egyptian Line	201
Ṣalāḥ-al-dīn	203
-'Azīz 'Othmān	210
-Manṣūr Moḥammad	212
-'Ādil I.	213
-Kāmil	219
-'Ādil II.	226
-Ṣāliḥ Ayyūb	227
II. Aleppo Line	229
-Ẓāhir Ghāzī	229
-'Azīz Moḥammad	233
-Nāṣir Yūsuf	235
-Ṣāliḥ Ismā'īl (Damascus)	237
Mamlūk Sulṭāns	239-278
I. Baḥrī	239
-Mu'izz Aybak	242
-Manṣūr 'Alī	243
-Ẓāhir Baybars	244
-Sa'īd Baraka Khān	248
-Manṣūr Ķalā'ūn	249
-Ashraf Khalīl	251
-Nāṣir Moḥammad	253
-Ṣāliḥ Ismā'īl	256
-Muẓaffar Ḥājjī	258
-Nāṣir Ḥasan	259
-Ṣāliḥ Ṣāliḥ	259
-Manṣūr Moḥammad	260
-Ashraf Sha'bān	261
II. Burjī	263
-Ẓāhir Barķūķ	263
-Nāṣir Faraj	265
-Mu'ayyad Shaykh	267
-Muẓaffar Aḥmad ?	268
-Ashraf Bars-Bāy	269
-'Azīz Yūsuf	270
-Ẓāhir Jaķmaķ	270
-Ashraf Ināl	272
-Ẓāhir Khōshķadam	273
-Ashraf Ķā'it-Bāy	274
-Nāṣir Moḥammad	276
-Ẓāhir Ķānṣūh	276
-'Ādil Tūmān-Bāy	277
-Ashraf Ķānṣūh al-Ghūrī	277
'Othmānlī Sulṭāns	279-323
Salīm I.	283
Sulaymān I.	284
Salīm II.	287
Murād III.	288

	PAGE
Mohammad III.	290
Ibrāhīm I.	291
Mohammad IV.	291
New Coinage	293
Sulaymān II.	293
Aḥmad II.	294
Muṣṭafā II.	294
Aḥmad III.	295
Maḥmūd I.	296
'Othmān II.	297
Muṣṭafā III.	298
'Abd-al-Ḥamīd I.	301
Salīm III.	304
Muṣṭafā IV.	307
Maḥmūd II.	308
'Abd-al-Majīd	316
'Abd-al-'Azīz	320
Murād V.	322
'Abd-al-Ḥamīd II.	323
Khalīfa of Sūdān: 'Abd-Allah	324
Various Dynasties	325-352
SPAIN AND NORTH AFRICA	327-330
OMAYYADS OF CORDOVA	327
'Abd-al-Raḥmān I.	"
Hishām I.	"
-Ḥakam I.	"
'Abd-al-Raḥmān II.	"
Mohammad I.	"
'Abd-al-Raḥmān III.	"
-Ḥakam II.	"
Hishām II.	"
Sulaymān	"
ḤAMMŪDIDS OF MALAGA	"
Mohammad al-Mahdī	"
HŪDIDS OF ZARAGOZA	328
Aḥmad I.	"
KING OF DENIA	"
Iḳbāl-al-dawla	"
IDRĪSIDS OF MOROCCO	"
Idrīs I. and II.	"
CALIPH OF SIJILMĀSA	"
-Shākir	"
MURĀBIṬS (ALMORAVIDES)	"
Yūsuf b. Tāshfīn	"
'Alī	329
Anonymous	"
MUWAḤḤIDS (ALMOHADES)	"
'Abd-al-Mu'min	"
Abū-Ya'ḳūb Yūsuf	"
Abū-Yūsuf Ya'ḳūb	"
Abū-Ḥafṣ 'Omar	"
Anonymous	"
LATE GRANADA	"
ḤAFṢID OF TUNIS	"
Abū-Abdallāh Mohammad	"
MARĪNID	"
Abū-Rabī' Sulaymān	"
MOORISH ANONYMOUS	330
FILALĪ SHARĪFS	"
Ismā'īl	"
Sulaymān	"
'Abd-al-Raḥmān	"
'Abd al-Ḳādir	"
PERSIA, ETC.	331-5
DULAFID	331
'Omar b. 'Abd-al-'Azīz	"
SĀMĀNIDS	"
Ismā'īl	"
Aḥmad	"

	PAGE
Isḥāḳ	331
Mīkā'īl	332
Naṣr II.	„
Nūḥ I.	„
Nūḥ II.	„
Manṣūr	„
GHAZNAWIDS	333
Maḥmūd	„
Mas'ūd	„
AMĪR AL-UMARĀ	„
Bajkam	„
BUWAYHIDS	„
Mu'izz-al-dawla	„
'Izz-al-dawla	„
'Aḍud-al-dawla	„
Sharaf-al-dawla	334
Bahā-al-dawla	„
ḤASNAWAYHID	335
Badr	„
SYRIA AND MESOPOTAMIA (ARAB PERIOD)	336-9
ḤAMDĀNIDS	336
Nāṣir- and Sayf-al-dawla	„
Abū-l-Ma'ālī and Abū-l-Ḥasan	„
ḲARMAṬID	337
-Ḥasan b. Aḥmad	„
MIRDĀSID	„
Ṣāliḥ b. Mirdās	„
'OḲAYLID	338
Moḥammad b. Ṣafwān	„
MARWĀNIDS	339
-Ḥasan	„
Mumahhid-al-dawla	„
Naṣr-al-dawla	„

	PAGE
SELJŪḲ DYNASTIES	340-2
GREAT SELJŪḲS	340
Ṭughril-Beg	„
Alp-Arslān	„
Moḥammad	„
SELJŪḲ OF KIRMĀN	„
Tūrān Shāh	„
SELJŪḲS OF 'IRĀḲ	341
Mas'ūd	„
Sulaymān Shāh	342
SELJŪḲS OF RŪM	„
Sulaymān I.	„
Kay-Ḳubād I.	„
Kay-Khusrū II.	„
Kay-Kāwus II.	„
Sons of K.-Khusrū II.	„
Ḳilij-Arslān IV.	„
Kay-Khusrū III.	„
Mas'ūd II.	„
ATĀBEGS, ETC.	343-5
ORTUḲIDS OF KAYFA AND ĀMID	343
Sukmān II.	„
Maḥmūd	„
ORTUḲIDS OF MĀRIDĪN	„
Timurtāsh	„
Alpī	„
Il-Ghāzī II.	„
Yūluḳ-Arslān	„
Ortuḳ-Arslān	„
-Sa'īd Ghāzī	344
ZANGIDS OF -MŌṢIL	„
Ḳuṭb-al-dīn Mōdūd	„
Sayf-al-dīn Ghāzī II.	„
'Izz-al-dīn Mas'ūd I.	„

	PAGE
Nūr-al-dīn Arslān Shāh I.	344
'Izz-al-dīn Mas'ūd II.	„
Nāṣir-al-dīn Maḥmūd	„
Badr-al-dīn Lu'lu	„
ZANGIDS OF SYRIA	345
Nūr-al-dīn Maḥmūd	„
Ismā'īl	„
ZANGID OF SINJĀR	„
Ḳuṭb-al-dīn Moḥammad	„
ZANGID OF -JAZĪRA	„
Mu'izz-al-dīn Maḥmūd	„
BEGTEGĪNID OF IRBIL	„
Kūkbūrī	„
MONGOLS	346-7
GREAT ḲAĀN	346
Mangū	„
ĪLKHĀNS OF PERSIA	„
Hūlāgū	„
Abāgā	„
Aḥmad	347
Arghūn	„
Ghāzān	„
Uljāitū	„
Abū Sa'īd	„
Moḥammad	„
Sulaymān	„
Abū-Isḥāḳ	„
SHĀHS OF PERSIA	348
ZAND	„
Karīm Khān	„
ḲĀJĀR	„
Nāṣir-al-dīn	„
TRANSOXIANA	„
MANGIT	„
Naṣr-Allāh	„
KHOḲAND	„
Khudāyār	„
Sayyid Moḥammad	„
KĀSHGHAR	„
Ya'ḳūb	„
APPENDIX	349-51
NORMANS OF SICILY	349
Roger II.	„
William I.	350
William II.	351
LATIN KINGDOM OF JERUSALEM	„
ADDENDA	
'ABBĀSID CALIPHS	352
-Mu'tamid	„
-Muktafī	„
-Muḳtadir	„
INDEX OF PERSONS	353
INDEX OF MINTS	365

OMAYYAD CALIPHS

OMAYYAD CALIPHS

A.H. 41—132 = 661—750 A.D.

A.H.		A.D.
41	Mo'āwiya I b. Abī-Sufyān	661
60	Yazīd I b. Mo'āwiya	680
64	Mo'āwiya II b. Yazīd	683
64	Marwān I	683
65	'Abd-al-malik b. Marwān	685
86	Al-Walīd I b. 'Abd-al-malik	705
96	Sulaymān b. 'Abd-al-malik	715
99	'Omar b. 'Abd-al-'Azīz	717
101	Yazīd II b. 'Abd-al-malik	720
105	Hishām b. 'Abd-al-malik	724
125	Al-Walīd II b. Yazīd	743
126	Yazīd III b. al-Walīd	744
126	Ibrāhīm b. al-Walīd	744
127	Marwān II	744
—132		—750

OMAYYAD CALIPHS

YEAR of the Hijra

GOLD*

77 — 1

Obv. لا اله الا

الله وحده

لا شريك له

Margin محمد رسول الله ارسله بالهدى ودين

الحق ليظهره على الدين كله

Rev. الله احد الله

الصمد لم يلد

ولم يــولــد

Margin بسم الله ضرب هذا الدينر فى سنة سبع

وسبعين

AV 4·27 grammes — BM i, 1†

* The Omayyad Caliphs did not put their names on their gold or silver coins, and it is therefore needless to divide the coinage under the heads of their several reigns; indeed, some of the coins might belong to either the last year of one Caliph or the first year of his successor. In this section of the Catalogue, the gold coins (*dīnār*, plur. *danānīr*) are arranged consecutively through the whole duration of the Omayyad dynasty. The inscriptions of the dīnārs are identical throughout, with the exception of the date; and only such numerals (e.g. ثنتين, ثمنين, مئة) will be printed in Arabic as present unusual or ancient spellings (i.e. not اثنتين, or ثمانين, or مائة), or are open to mistaken readings. Diacritical points occurring on the coins are noted, because in this early period they have a palaeographic importance. The only inscriptions which differ from the normal type printed in full for no. 1 are those of the half-dīnārs (*naṣf*) and quarter-dīnārs (*rubʻ*): these are described as they occur. The rest are understood to precisely resemble 1.

† The reference BM is to the *Catalogue of Oriental Coins in the British Museum*, by S. Lane-Poole, 6 vols., and *Additions* thereto, 2 vols.; P refers to the *Catalogue des Monnaies musulmanes de la Bibliothèque Nationale*, at Paris, by H. Lavoix, 2 vols.

YEAR

2

78 Same as preceding, but date فى سنة ثمان وسبعين

AV 4·27 BM i, 2

3

79 فى سنة تسع وسبعين

AV 4·27 BM i, 3

4

80 فى سنة ثمنين

AV 4·25 BM i, 4

5

81 ستة احدى وثمنين

(فى is henceforth omitted before سنة)

AV 4·25 BM Add. i, 4[a]

6

82 (ثنتين) Points بولد

AV 4·17 BM i, 5

7

83 Points بولد

AV 4·30 BM i, 6

8

84 Points بولد

AV 4·30 BM i, 7

9

85 Point خمس

AV 4·27 BM Add. i, 7[a]

10

86 Point ضرب

AV 4·27 BM i, 8

11

87 Points ضرب — سبع

AV 4·27 BM i, 9

12

88 سنة ثمان وثمنين

Points الدبمر

AV 4·27 BM i, 10

YEAR

13

89 Points الدبمر

$\mathcal{N}$ 4·28 BM i, 11

14

90 سنة تسعين

Point ضرب

$\mathcal{N}$ 4·26 BM i, 12

15

91 سنة احدى وتسعين

Point above rev., and ضرب

$\mathcal{N}$ 4·27 BM Add. i, 12a

16

92 (ثنتين) Point ضرب

$\mathcal{N}$ 4·27 BM i, 14

17, 18

92 Half-dīnār (*naṣf*)

Obv.
لا اله ا
لا الله
وحده

Margin محمد رسول الله ارسله بالهدى ودين الحق

Rev.
بسم الله
الرحمن
الرحيم

Margin ضرب هذا النصف سنة ثنتين وتسعين

½ $\mathcal{N}$ 2·13

19

93 Point ضرب

$\mathcal{N}$ 3·85 P i, 223

20

94 No point

$\mathcal{N}$ 4·28 BM i, 16

YEAR

21, 21A

94 Third-dīnār (*thulth*)

لا الا ا
لا الله

Margin محمد رسول الله ارسله بالهدى ودين الحق

Rev. بسم الله
الرحمن
الرحيم

Margin ضرب هذا الثلث سنة اربع وتسعين

⅓ AV 1·42 BM i, 17

22

95

AV 4·28 BM i, 18

23

96

AV 4·25 BM i, 19

24

96 Half-dīnār, like 17

½ AV 2·10

25

96 Third-dīnār, like 21

⅓ AV 1·45 BM i, 20

26

97

AV 4·26 BM i, 21

27

97 Third-dīnār, like 21

⅓ AV 1·50

28

98 Point ضرب

AV 4·29 BM i, 22

Year			
		29	
99		Point صرب	
	AV 4·24		BM i, 23
		30, 30A	
99		Third-dīnār, like 21	
	⅓ AV 1·42		BM i, 24
		31	
100		سنة مئة	
		Point صرب	
	AV 4·26		BM i, 25
		32	
100		Half-dīnār, like 17	
	½ AV 2·14		P i, 406
		33	
100		Third-dīnār, like 21	
	⅓ AV 1·45		BM Add. i, 25[a]
		34	
101		سنة احدى ومئة	
		Point صرب	
	AV 2·30		BM i, 26
		35	
102	(ثنتين)	Point صرب	
	AV 4·24, pierced*		BM i, 27
		36	
103		Point صرب	
	AV 4·25 p.		BM i, 28
		37	
103		Third-dīnār, like 21	
	⅓ AV 1·50		BM i, 29

* Henceforward p. indicates that the coin is pierced with a small hole, for suspension as an ornament.

YEAR

38

104 Point صرب

AV 4·12 p. BM i, 30

39

105 Point صرب

AV 4·24 BM Add. i, 30a

40

106

AV 4·26 BM i, 31

41

107 Points بولد

AV 4·14 (twice pierced)

42

108 Points صرب — بولد

AV 4·25 BM Add. i, 31b

43

109

AV 4·23 BM i, 32

44

110 سنة عشر ومئة

AV 4·25 BM Add. i, 32a

45

111 سنة احدى عشرة ومئة

AV 4·26 BM Add. i, 32b

46

112 سنة اثنتى عشرة ومئة

AV 4·26 BM Add. i, 32c

47

113 سنة ثلث عشرة ومئة

AV 4·22 p. BM Add. i, 32d

48

114

AV 4·08 p. BM i, 33

Year			
		49	
115			
	AV 4·26		BM Add. i, 33a
		50	
116			
	AV 4·23		BM Add. i, 33b
		51	
117			
	AV 4·26		BM i, 34
		52	
118	AV 4·26		BM i, 35
		53	
119			
	AV 3·02		BM i, 36
		54	
120		سنة عشرين ومئة	
	AV 4·25		BM Add. i, 36a
		55	
121		سنة احدى وعشرين ومئة	
	AV 4·23		BM i, 37
		56	
122		سنة ثنتين وعشرين ومئة	
	AV 4·26		BM Add. i, 37a
		57	
123			
	AV 4·26		BM Add. i, 37b
		58	
124			
	AV 4·25		BM i, 38
		59	
125			
	AV 4·05 p.		BM Add. i, 38a

YEAR

60*

126

N 4·26 BM i, 39

61

128

N 4·45 (pierced and ringed for suspension) BM i, 40

62

129

N 4·26 BM i, 41

63

130 سنة ثلثين ومئة

N 4·27 BM i, 42

64

131 سنة احدى وثلثين ومئة

N 4·25 BM Add. i, 42[a]

65

132 سنة ثنتين وثلثين ومئة

N 4·25 P i, 539

SILVER

66

79 (No name of mint†)

Obv. لا اله الا
الله وحده
لا شريك له

Margin بسم الله ضرب هذا الدرهم فى سنة تسع
وسبعين

* 127 is the only year wanting in the gold series of the Omayyads in this Collection.

† This unique mintless dirham was probably a trial-piece before the insertion of mint-names was determined.

YEAR

Rev. الله احد الله
الصمد لم يلد و
لم يولد ولم يكن
له كفوا احد

Margin محمد رسول الله ارسله بالهدى ودين الحق
ليظهره على الدين كله ولو كره المشركون

AR 2·73

67

105 **Adharbayjān*** Like 66†

but mint and date باذربيجان سنة خمس ومئة

AR 2·85

68

90 **Ardashīr Khurra‡**

باردشير خرة فى سنة تسعين

AR 2·57 BM i, 44

69

97 فى سنة سبع وتسعين

AR 2·82 P i, 371

70

103 **Armenia§**

بارمينية سنة ثلث ومئة

AR 2·02 P i, 429

* *I.e.* probably Ardabīl, the old capital of this province, afterwards superseded by Marāgha.

† The Omayyad dirhams being as a rule precisely alike in the general inscriptions, only the varying mint and date will be recorded.

‡ *I.e.* Jūr, afterwards Fīrūzābād, the chief town of this district.

§ The old capital was Dabīl (Dawin), but Khilāṭ and Tiflīs afterwards became the capitals of Outer and Inner Armenia respectively.

YEAR

71

91 **Isṭakhr**

باصطخر فى سنة احدى وتسعين

Æ 2·82 BM i, 49

72

92 (اثنتين)

Æ 2·86 BM Add. i, 49a

73

94

Æ 2·80 BM i, 50

74

95

Æ 2·78 BM i, 51

75

96

Æ 2·88 BM i, 52

76

98 باصطخر فى سنة ثمان وتسعين

Æ 2·85 BM i, 53

77

112 **Afrīḳīya***

بافريقية سنة ثنتى عشرة ومئة

Æ 2·93 P i, 468

78

120 **Al-Bāb**

بالباب سنة عشرين ومئة

Æ 2·88 BM i, 61

79, 80

81 **Al-Baṣra**

بالبصرة فى سنة احدى وثمنين

Æ 2·88
2·52 BM i, 64

81

82 فى سنة ثنتان (*sic*) وثمنين

Æ 2·85 BM i, 65

82

100 سنة مئة

Æ 2·85 BM i, 66

* *I.e.* el-Ḳayrawān, the capital of the province of Africa.

YEAR

83

101 سنة احدى ومئة

AR 2·80 BM i, 67

84

90 Bihkubādh al-Asfal

ببهقباذ الاسفل فى سنة تسعين

AR 2·63 P i, 247

85

96 Al-Taymara

بالتيمرة فى سنة ست تسعين

AR 2·55 P i, 253

86

97 فى سنة سبع وتسعين

AR 2·60 BM Add. i, 70[b]

87

128 Al-Jazīra

بالجزيرة سنة ثمان وعشرين ومئة

AR 2·87 BM i, 71

88

92 Jayy*

بجى فى سنة ثنتين وتسعين

AR 2·43 BM i, 77

89

94 فى سنة اربع وتسعين

AR 2·30, pierced and broken BM i, 78

90

80 Al-Jisr†

فى الجسر فى سنة ثمنين (*sic*)

AR 2·76

91

91 Darābjard

بدربجرد فى سنة احدى وتسعين

AR 2·76 BM Add. i, 79[p]

* The old name of Iṣpahān.

† Probably Jisr Manbij (*Ḳal'at-an-najm*).

YEAR 92

92 (ثنتين)

Æ 2·45 BM i, 80

93

95

Æ 2·80 P i, 267

94

96 فى سنة ست وتسعين

Æ 2·81 BM Add. i, 81c

95

97 Dastawā*

بدستوا فى سنة [س]بع وتسعين

Æ 2·67 p. P i, 379

96

79 Damascus

بدمشق فى سنة تسع وسبعين

Æ 2·45 BM i, 84

97

80 فى سنة ثمنين

Æ 2·91 BM i, 85

98

81 سنة احدى وثمنين

Æ 2·38 BM i, 86

99

82 سنة ثنتين وثمنين

Æ 2·85 BM i, 87

100

83

Æ 2·66 BM i, 88

101

84

Æ 1·85 BM i, 89

* Either Hamadhān or Ḳazwīn, successively the chief towns of this district.

YEAR

102

86 Points ست

AR 2·92 BM i, 91

103

87 Points صرب — بدمسق

AR 2·67 BM i, 92

104

88 Points صرب — بدمسق

AR 2·65 BM i, 93

105

89 Points صرب — بدمسق

AR 2·80 BM i, 94

106

90 Point بدمسق

AR 2·75 BM i, 95

107

91 سنة احدى وتسعين

Point بدمسق

AR 2·90 BM i, 96

108

92 سنة ثنتين وتسعين

Points ضرب — بدمسق

AR 2·41 BM i, 97

109

93 Points صرب — بدمسق

AR 2·85 BM i, 98

110, 110A

94 No points

AR 2·85 BM i, 99

111

95 No points

AR 2·75 BM i, 100

YEAR

112

96 Points ضرب — بدمسق — ست

Æ 2·55 BM i, 101

113

97 No points

Æ 2·85 BM i, 102

114

98 Point ضرب

Æ 2·91 BM i, 103

115

99 Point ضرب

Æ 2·81 BM i, 104

116

100 سنة مئة

Point ضرب

Æ 2·86 BM i, 105

117

101 سنة احدى ومئة

Point ضرب

Æ 2·78 BM i, 106

118

102 (ثنتين) Point ضرب

Æ 2·82 BM i, 107

119

103 Point ضرب

Æ 2·84 BM Add. i, 107a

120

104 Point ضرب

Æ 2·61 BM i, 108

YEAR

121

108 No point

AR 2·72 BM i, 111

122

113 سنة ثلث عشرة ومئة

AR 2·58 BM i, 112

123

117 سنة سبع عشرة ومئة

AR 2·87 BM Add. i, 112[a]

124

118 سنة ثمان عشرة ومئة

AR 2·55 BM i, 113

125

123 سنة ثلث وعشرين ومئة

AR 2·89 BM Add. i, 116[a]

126

127

AR 2·87 P i, 546

127

128

AR 2·91

128

80 Rāmhurmuz

برامهرمز فى سنة ثمنين

AR 2·46 BM i, 118

129

96 Al-Rayy

بالرى فى سنة ست وتسعين

AR 2·77

130

91 Sābūr

بسابور فى سنة احدى وتسعين

AR 2·80 BM i, 123

YEAR

131

92 في سنة ثنتين وتسعين

AR 2·65 BM i, 124

132

93

AR 2·93 BM Add i, 124[a]

133

98

AR 2·88 p. BM i, 129

134

131 Al-Sāmiya

بالسامية سنة احدى وثلثين ومئة

AR 2·77 BM i, 141

135

90 Sijistān*

بسجستان في سنة تسعين

AR 2·85 P i, 295

136

97

AR 2·24

137

98 Surraḳ

بسرق في سنة ثمان وتسعين

AR 2·50 BM Add. i, 135[d]

138

90 Sūḳ-al-Ahwāz

بسوق الاهواز في سنة تسعين

AR 2·62 BM i, 138

139

98

AR 2·93 P i, 389

* *I.e.* Zaranj, the capital of the province of Sijistān.

YEAR

140

95 Al-Furāt*

بالفرات فى سنة خمس وتسعين

AR 2·55

141

90 Kirmān

بكرمان فى سنة تسعين

AR 1·80 BM i, 142

142

91 فى سنة احدى وتسعين

AR 2·83 P i, 314

143

93

AR 2·73 BM i, 143

144

94

AR 2·85 P i, 317

145

100 بكرمان سنة مئة

AR 2·73

146

101 Al-Kūfa

بالكوفة سنة احدى ومئة

AR 2·85 BM i, 149

147

97 Māhī

بماهى فى سنة سبع وتسعين

AR 2·76 BM i, 154*

148

98

AR 2·82 P i, 392

* The Arabic name of the Euphrates; but here meaning a town on the eastern bank of the estuary of the Euphrates and Tigris, facing Ubulla.

YEAR 149

108 **Al-Mubāraka**

بالمبركة سنة ثمان ومئة

Æ 2·63 p. BM i, 156

150

117 سنة سبع عشرة ومئة

Æ 2·82

151

119

Æ 2·96 P i, 500

152

90 **Merv**

بمرو فى سنة تسعين

Æ 2·30 p. P i, 326

153

91 فى سنة احدى وتسعين

Æ 2·47 BM i, 157

154

93

Æ 2·43 BM i, 159

155

95

Æ 2·60 BM i, 160

156

99 فى سنة تسع وتسعين

Æ 2·80, thrice p. BM i, 161

157

110 سنة عشر ومئة

Æ 2·90 BM Add. i, 161[k]

158

94 **Manādhir**

بمناذر فى سنة اربع وتسعين

Æ 2·64 BM i, 164

YEAR 159

93 **Nahr-Tīrā**

بنهر تيرى فى سنة ثلث وتسعين

AR 2·30

160

90 **Herāt**

بهراة فى سنة تسعين

AR 2·10 BM i, 167

161

91 فى سنة احدى وتسعين

AR 2·75 BM i, 168

162

85 **Wāsiṭ**

بواسط فى سنة خمس وثمنين

AR 2·33 p. BM i, 171

163, 164

86

AR 2·79 BM i, 172

165

87

AR 2·92 BM i, 173

166—169A

89

AR 2·02 BM i 175

170

90

AR 2·59 BM i, 176

171, 172

91 فى سنة احدى وتسعين

AR 2·75 BM i, 177

173—6

92 فى سنة اثنتين وتسعين

AR 2·86 BM i, 178

YEAR

177—81

93

AR 2·86 BM i, 179

182—7

94

AR 2·72 — 184 twice p. BM i, 180

188—90

95

AR 2·86 BM i, 181

191—3

96

AR 2·87 p. BM i, 182

194

97

AR 2·50 BM i, 183

195

99 بواسط سنة تسع وتسعين

AR 2·55 BM i, 184

196

103 سنة ثلث ومئة

AR 2·92 BM i, 186

197

104

AR 2·56 BM i, 187

198

105

AR 2·87 BM i, 188

199

106

AR 2·93 BM i, 189

200—201

107

AR 2·95 ; 2·80 BM i, 190

YEAR

205—207

108

Æ 2·61 BM i, 191

208

109

Æ 2·92 BM i, 192

209, 209A

110 سنة عشر ومئة

Æ 2·87 — 209 p. and clipped BM i, 193

210, 211

111 سنة احدى عشرة ومئة

Æ 2·87 — 211 formerly ringed BM i, 194

212

112 سنة اثنتى عشرة ومئة

Æ 2·88 BM i, 195

213

113 سنة ثلث عشرة ومئة

Æ 2·92 BM Add. i, 195[a]

214

114

Æ 2·92 BM i, 196

215

115

Æ 2·92 BM i, 197

216—217A

116

Æ 2·89 BM i, 198

218

117

Æ 2·90 p. BM. i, 199

YEAR

219—221

118

AR 2·87 BM i, 200

222

119

AR 2·70 BM i, 201

223

120

AR 2·85 BM i, 202

224

121 سنة احدى وعشرين ومئة

AR 2·85 BM i, 203

225, 226

122 سنة اثنتين وعشرين ومئة

AR 2·80 BM i, 204

227, 228

123 سنة ثلث وعشرين ومئة

AR 2·00 BM i, 205

229, 230

124

AR 2·90 BM i, 206

231—236

125

AR 2·89 BM i, 207

237—240

126

AR 2·81 ; 2·74 ; 2·85 BM i, 208

241

127

AR 2·71 BM i, 211

242

128

AR 2·90 BM i, 212

YEAR

243

129

Æ 2·81, twice p. BM i, 213

244

130 سنة ثلثين ومئة

Æ 2·87 BM i, 214

245

131 سنة احدى وثلثين ومئة

Æ 2·89 BM i, 215

REVOLUTIONARY ISSUE

[ABŪ-MUSLIM]

246

128 Jayy

Obv. لا الـه الا

الـلـه وحده

لا شريك له

Margin (inner) قل لا اسلكم عليه اجرا الا المودة

في القربى

(outer) بسم ○ الله ○ ضرب ○ بجى ○

سنة ○ ثمان ○ وعشرين ○ ومئة ○

Rev. as on 1.

Æ 2·60

'ABBĀSID CALIPHS

'ABBĀSID CALIPHS

A.H. 132—656 = 750—1258 A.D.

A.H.		A.D.
132	Al-Saffāḥ	750
136	Al-Manṣūr	754
158	Al-Mahdī	775
169	Al-Hādī	785
170	Al-Rashīd	786
193	Al-Amīn	809
198	Al-Ma'mūn	813
218	Al-Mu'taṣim	833
227	Al-Wāthiḳ	842
232	Al-Mutawakkil	847
247	Al-Muntaṣir	861
248	Al-Musta'īn	862
251	Al-Mu'tazz	866
255	Al-Muhtadī	869
256	Al-Mu'tamid	870
279	Al-Mu'taḍid	892
289	Al-Muktafī	902
295	Al-Muḳtadir	908
320	Al-Ḳāhir	932
322	Al-Rāḍī	934

A.H.		A.D.
329	Al-Muttaķī	940
333	Al-Mustakfī	944
334	Al-Muṭī'	946
363	Al-Ṭā'i'	974
381	Al-Ķādir	991
422	Al-Ķā'im	1031
467	Al-Muķtadī	1075
487	Al-Mustaẓhir	1094
512	Al-Mustarshid	1118
529	Al-Rāshid	1135
530	Al-Muķtafī	1136
555	Al-Mustanjid	1160
566	Al-Mustaḍī	1170
575	Al-Nāṣir	1180
622	Al-Ẓāhir	1225
623	Al-Mustanṣir	1226
640	Al-Musta'ṣim	1242
—656		—1258

I. AL-SAFFĀḤ

A.H. 132—136 = 749—754 A.D.

GOLD *

YEAR

247

133

Obv. لا اله الا
الله وحده
لا شريك له

Margin محمد رسول الله ارسله بالهدى ودين
الحق ليظهره على الدين كله

Rev. محمد
رسول
الله

Margin بسم الله ضرب هذا الدينر سنة ثلث
وثلثين ومئة

AV 4·27 BM Add. i, ('Abb.) 1a

248

134 Like 247

AV 4·15, worn P i, 566

249

135 Like 247

AV 4·19 p. BM i, 2

* The 'Abbāsid gold coins do not bear the name of any Caliph before al-Amīn, nor the silver before al-Mahdī. The coins of the terminal years between two Caliphs may therefore as a rule be attributed to either of them.

SILVER

YEAR 250

136* Al-Baṣra

Obv.† لا اله الا
الله وحده
لا شريك له

Margin بسم الله ضرب هذا الدرهم بالبصرة سنة
ست وثلثين ومئة

Rev. محمد
رسول
الله

Margin محمد رسول الله ارسله بالهدى ودين
الحق ليظهره على الدين كله ولو كره المشركون

AR 2·96 BM i, 32

251

132 Al-Kūfa

بالكوفة سنة اثنتين وثلثين ومئة

Like 250

AR 2·68 BM i, 5

252

135 Like 250

AR 2·86 BM i, 8

253

136* Like 250

AR 2·80 BM i, 9

* This coin may have been struck by the next Caliph, al-Manṣūr; but as he came to the throne only in the last month of the year 136 it was more probably issued by al-Saffāḥ.

† All future 'Abbāsid dirhams have the same obv. area as 250, unless otherwise stated.

II. AL-MANṢŪR

A.H. 136—158 = 754—775 A.D.

GOLD

Year		
	254	
137	سنة سبع وثلثين ومئة	
	Like 247	
	AV 4·15	
	255	
138	Like 247	
	AV 3·85, clipped	BM Add. i, 10b
	256, 257	
139	Like 247 : point صرب	
	257 has ∴ on reverse	
	AV 4·23 ; 4·25	BM Add. i, 10c
	258	
140	Like 247	
	AV 4·20	BM i, 11
	259	
143	Like 247	
	AV 4·20	BM i, 12
	260	
144	Like 247	
	AV 4·25	BM i, 13
	261	
145	Like 247	
	AV 4·26	BM i, 14

Year		
	262	
146	Like 247	
	AV 4·18	BM i, 15
	263	
147	Like 247	
	AV 4·25	P i, 592
	264, 265	
148	Like 247 : 265, point on rev., رسول .	
	AV 4·25 ; 4·15	BM i, 16
	266	
150	Like 247	
	AV 4·20	P i, 594
	267	
151	سنة احدى وخمسين ومئة	
	Like 247 : point beneath obv. area	
	AV 4·25	BM i, 17
	268	
152	سنة اثنتين وخمسين ومئة	
	Like 247 : point رسول .	
	AV 4·05	BM i, 18
	269	
154	Like 247 : point رسول.	
	AV 4·22	BM i, 20
	270, 271	
155	Like 247 : point رسول.	
	AV 4·23 ; 270 p.	BM i, 21
	272	
156	Like 247 : point رسول.	
	AV 4·10	BM i, 22
	273, 274	
157	Like 247 : 274 point سبع	
	AV 4·11	BM i, 23

SILVER

YEAR 275

145 Armenia

بارمينية سنة خمس واربعين ومئة

Like 250

Æ 2·24

276

149 ? (تسع ؟) Like 250

Æ 2·78

277

152 سنة ثنتين وخمسين ومئة

Like 250

Æ 2·90 p. BM i, 30

278

137 Al-Baṣra

بالبصرة سنة سبع وثلثين ومئة

Like 250

Æ 2·85 BM i, 33

279

138 Like 250

Æ 2·91 BM i, 34

280

139 Like 250

Æ 2·90 BM i, 35

281

142 (اثنتين) Like 250

Æ 2·75 BM i, 38

282

143 Like 250

Æ 2·86 BM i, 39

283

144 Like 250: but beneath rev. س

Æ 2·90 BM i, 40

YEAR

284

145 Like 250: beneath rev. س

Æ 2·90 BM i, 41

285

146 Like 250: beneath rev. ه

Æ 2·81 BM i, 43

286

147 Like 250: beneath rev. هه

Æ 2·96 BM i, 44

287

157 Like 250: beneath rev. ه ه

Æ 2·85

288

140 **Junday-Sābūr**

بجندى سابور سنة اربعين ومئة

Like 250

Æ 3·01

289

146 **Al-Rayy**

بالرى سنة ست واربعين ومئة

Rev. مما امر به ا
لمهدى محمد
بن امير المومنين

Æ 2·85 p. BM i, 46

290, 291

147 Like 289

Æ 2·79 BM i, 47

292

148 Like 289

Æ 2·85 BM i, 48

(*See* Al-Moḥammadīya.)

YEAR

293

137 **Al-Kūfa**

بالكوفة سنة سبع وثلثين ومئة

Like 250

AR 2·78 BM Add. i, 57[a]

294

139 Like 250 : point beneath rev.

AR 2·28 BM i, 58

295

140 Like 250 : two points beneath rev.

AR 2·90 BM i, 59

296

142 (اثنتين) Like 250 : ∴ beneath rev.

AR 2·85 BM i, 62

297

143 Like 296

AR 2·92 BM i, 63

298

144 Like 296

AR 2·05 BM i, 64

299

145 Like 296

AR 2·90 BM i, 65

300

146 Like 296

AR 2·88 BM Add. i, 65[a]

301

147 Like 296

AR 2·88 BM i, 66

YEAR 302—304

148 **Al-Moḥammadīya***

بالمحمدية سنة ثمان واربعين ومئة

Like 289

Æ 2·91 ; 2·90 BM i, 49

305

149 Like 289

Æ 2·90

306—310

149 Like 289 : but above rev. ه, beneath ع

Æ 2·91 BM i, 50

311—314

150 Like 306

Æ 2·95 BM i, 51

315

151 (احدى) Like 306

Æ 3·05 BM i, 52

316—318

152 (اثنتين) Like 306

Æ 2·91 BM i, 53

319, 320

153 Like 306

Æ 2·95 BM i, 54

321

148 **Madīnat-al-Salām (Baghdād)**

بمدينة السلام سنة ثمان واربعين ومئة

Like 250 : beneath rev. بخ

Æ 2·92 BM i, 68

322

149 Like 321

Æ 2·90 BM i, 60

* The new suburb of al-Rayy, built by al-Mahdi in the reign of al-Manṣūr.

YEAR

323

150 Like 321

Æ 2·92 BM i, 70

324

151 Like 321

Æ 2·89 BM i, 71

325, 326

152 (انتين*) Like 321

Æ 2·81 BM i, 72

327, 328

153 Like 321

Æ 2·75 BM i, 73

329—330c

154 Like 321, but بخ بخ

Æ 2·89 BM i, 74

331

155 Like 329

Æ 2·83 BM i, 75

332, 332A

156 Like 329

Æ 2·90 BM i, 76

333

157 Like 329 : point above rev.

Æ 2·81 BM i, 77

334

158† Like 329 : but بخ ر بخ beneath rev.

Æ 2·86 BM i, 80

* The form انتين has now definitely taken the place of ثنتين, and only exceptions will be noted.

† This is the terminal year between al-Manṣūr and al-Mahdī ; but this coin is ascribed to the former because al-Mahdī placed his own name on his silver coinage.

III. AL-MAHDĪ

A.H. 158—169 = 775—785 A.D.

GOLD.

Year

335

158* سنة ثمان وخمسين ومئة

Like 247 : but point . رسول

AV 4·23

336

158 Like 247

AV 4·10 BM i, 81

337

159 Like 247 : but point . رسول

AV 4·26 BM i, 82

338

160 Like 247

AV 4·13 BM Add. i, 82a

339, 339A

161 Like 247

AV 3·82 BM i, 83

340

161 Like 247 : but beneath rev. ∴

AV 4·12

341

162 Like 247 : but point . رسول

AV 4·18 BM i, 84

* There is nothing to show whether this coin was issued by al-Manṣūr or by al-Mahdī.

YEAR

342

162 Like 247

AV 4·15

343

163 Like 247 : but point صرب

AV 4·18 BM i, 85

344

165 Like 247

AV 4·22 BM i, 86

345

165 Like 247 : but point above rev.

AV 4·12

346

166 Like 247

AV 4·10 BM i, 87

347

166 Like 247 : but point ضرب

AV 4·26

348

167 Like 247

AV 4·10 BM i, 88

349

167 Like 247 : but points صرب — سبع

AV 4·22

350

168 Like 247 : but points بالهدى — الدنر

AV 4·24 BM Add i, 88a

351

168 Like 247 : but points • الدىن — رسول

AV 4·10

SILVER

YEAR

352

161 **Armenia**

بارمينية سنة احدى وستين ومئة

Rev. محمد رسول

الله صلى الله

عليه وسلم

الخليفة المهدى

ب

Æ 2·92 BM i, 89

353

168 Like 352: but beneath rev., instead of crescent,

بن خزيم

Æ 2·75 BM i, 92

354

168 **Afrīḳīya**

بافريقية سنة ثمان وستين ومئة

Rev. الخليفة المهدى

مما امر به هرون

بن امير المؤمنين

Æ 2·70 BM i, 94

355

160 **Al-Baṣra**

بالبصرة سنة ستين ومئة

Rev. محمد رسول الله

صلى الله عليه وسلم

الخليفة المهدى

محمد

Æ 2·65 BM i, 95

356

161 Like 355

Æ 2·90 BM i, 96

YEAR 357

167 Rev. الخليفة المهدى
مما امر به
موسى ولى
عهد المسلمين
نصير

Æ 2·90

358—360

162 **Madīna Jayy**

بمدينة جى سنة اثنتين وستين ومئة

Like 352 : but beneath rev. يحيى

Æ 2·80 BM i, 101

361

159 **Al-'Abbāsiya**

بالعباسية سنة تسع وخمسين ومئة

Rev. بخ
محمد
رسول
الله
يزيد*

Æ 2·50 P i, 706

362

160 Like 361

Æ 3·05 BM i, 104

363

162 Like 361 : but ه instead of بخ

Æ 2·93 BM i, 105

364

164 Like 363

Æ 2·60 BM i, 108

* Yazīd b. Ḥātim, governor of Afrīḳīya, A.H. 154—170 (771—786).

YEAR 365

165 Like 363

Æ 2·62 BM i, 110

366

166 Like 363

Æ 2·62 BM i, 111

367

168 Like 363

Æ 2·28

368

169 Kaṣr-al-Salām*

بقصر السلام سنة تسع وستين ومئة

Like 352 : but beneath rev. الحمد ; above, لله

Æ 2·30

369

160 Al-Moḥammadīya

بالمحمدية سنة ستين ومئة

Rev.

م
محمد رسول الله
صلى الله عليه وسلم
الخليفة المهدى
و

Æ 2·85 BM i, 116

370

161 Rev.

محمد رسول
الله صلى الله
عليه وسلم
الخليفة المهدى

Æ 2·75 BM i, 117

* A castle at al-Raḳḳa, on the Euphrates.

YEAR

371

165 Like 370: beneath rev., ه

AR 2·90 BM i, 118

372, 373

166 Like 371

AR 2·81 p. BM i, 119

374

167 Like 370: above rev. ., beneath بخ

AR 2·90 p. BM i, 120

375

159 **Madīnat-al-Salām**

بمدينة السلام سنة تسع وخمسين ومئة

Like 352: but no crescent beneath rev.

AR 2·85 BM i, 122

376—378

160 Like 352

AR 2·78; 378 is gilt BM i, 123, 124

379—382

161 Like 352: point beneath rev.

AR 2·93 BM i, 125

383—5

162 Like 379

AR 2·93; 384 p. BM i, 126

386

163 Like 379

AR 2·87 BM i, 127

387—392

164 Like 379

AR 2·88 BM i, 130

YEAR 393

169 **Hārūnābād**

بهروناباد سنة تسع وستين ومئة

Rev. ارمينية

الخليفة المهدى

مما امر به هرون

بن امير المومنين

* (حسن or) جيش

Æ 2·65 BM Add. i, 132a

394

168 **Al-Yamāma**

باليمامة سنة ثمان وستين ومئة

Rev. عبد الله

محمد رسول الله

صلى الله عليه وسلم

الخليفة المهدى

بن سعيد

Two points beneath obv.

Æ 2·04

* This word, if read جيش, 'army,' might be connected with ارمينية above rev., to denote that the piece was struck for the pay of the troops in Armenia. Stickel, however, takes the name to stand for al-Ḥasan b. Ḳaḥtaba, governor of Armenia: but the omission of *al* requires explanation. See Tiesenhausen, *Monn. des Khalifes*, nos. 844, 845, 1051.

IV. AL-HĀDĪ

A.H. 169—170 = 785—786 A.D.

GOLD

YEAR 395

169 سنة تسع وستين ومئة

Like 247 : but beneath rev. ⁘

Ꞥ 4·11 BM Add i, 134[d]

SILVER

396

169 Al-Hārūnīya

بالهرونية سنة تسع وستين ومئة

Rev. خزيمة

الخليفة الهادى

مما امر به هرون

بن امير المومنين

بن خازم

Ꞧ 2·76 BM i, 138

397

170

Rev. دما

محمد رسول

الله صلى الله

عليه وسلم

الخليفة المرضى

ج

Ꞧ 2·70 BM i, 230

V. AL-RASHĪD

A.H. 170—193 = 786—809 A.D.

GOLD

Year	
	398, 399
170	سنة سبعين ومئة
	Like 247 : but beneath rev. علي*
	AV 4·22 ; 399 is clipped. — BM i, 135
	400
171	Like 247 : but beneath rev. موسى
	AV 4·25 — BM i, 142
	401
172	No name beneath rev.
	AV 4·06 (clipped) — BM i, 143
	402
172	Beneath rev. موسى
	AV 4·05
	403
172	Beneath rev. عمر
	AV 4·10
	404, 405
173	Beneath rev. عمر
	AV 4·10 — BM Add. i, 144b
	406, 407
174	No name beneath rev.
	AV 4·25 — BM i, 145

* 'Alī b. Sulaymān was governor of Egypt under al-Hādī, and was confirmed in his appointment by al-Rashīd. The coins might be ascribed to either Caliph.

YEAR

408

174 Beneath rev. داود

AV 4·25 P i, 747

409

175 No name beneath rev.

AV 4·15 BM Add. i, 145[a]

410

175 Beneath rev. موسى

AV BM Add. i, 145[b]

411

176 Beneath rev. ابرهيم

AV 4·20 clipped

412

176 Beneath rev. جعفر

AV 4·20

413

177 No name beneath rev.

AV 4·15 BM i, 146

414

177 Beneath rev. جعفر

AV 4·21

415

178 Beneath rev. جعفر

AV 4·21

416

179 Beneath rev. جعفر

AV 4·25 BM i, 148

417

180 سنة ثمنين ومئة

Beneath rev. جعفر

AV 4·25 BM i, 149

Year			
		418	
181		Beneath rev. جعفر	
	AV 4·18		P i, 751
		419	
182		Beneath rev. جعفر	
	AV 4·20		BM i, 150
		420	
182		No name beneath rev. Second (inner) marginal inscription on rev.: مما امر به الامير الامين بن امير المؤمنين	
	AV 3·77		P i, 754
		421	
183		Beneath rev. جعفر : no second margin	
	AV 4·22		BM i, 151
		422	
184		Second margin like 420	
	AV 4·06		BM Add. i, 152[b]
		423, 424	
184		Beneath rev. جعفر : no second margin	
	AV 4·20; 425 p.		BM i, 152
		425	
185		Second margin like 420	
	AV 4·30		BM Add. i, 152[d]
		426	
185		Beneath rev. جعفر : no second margin	
	AV 4·25		BM Add. i, 152[c]
		427	
186		Second margin like 420	
	AV 4·11		BM i, 153
		428	
186		Beneath rev. جعفر : no second margin	
	AV 3·90		

YEAR

429

187 Beneath rev. خالد

AV 3·78 BM Add. i, 154a

430

188 No name beneath rev.

AV 4·18 BM i, 155

431

189 Beneath rev. الخليفة

AV 4·20 p. BM i, 156

432

190 Beneath rev. الخليفة

AV 4·12

433

190 Beneath rev. ه

AV 4·20

434

191 Beneath rev. ه

AV 4·25 BM i, 159

435

191 Beneath rev. ر

AV 4·10

436

191 Beneath rev. الخليفة

AV 4·12 p. BM i, 158

437

192 Beneath rev. الخليفة

AV 4·20 BM i, 160

438

192 Beneath rev. ه

AV 4·20

YEAR

439

193 Beneath rev. الخليفة

AV 4·17

440

193 Beneath rev. ه

AV 4·20

SILVER

441

191 **Armenia**

بارمينية سنة احدى وتسعين ومئة

Rev. *خزيمة بن خازم
محــــمد رسول
الله الامين ولى
عهد المسلمين
†اللعـمع بن دساه

AR 2·79

442

183 **Afrīḳiya**

بافريقية سنة ثلث و ثمنين ومئة

Rev. محمد
محمد رسول
الـلـه نبـى
رحـــــمة
العكى

AR 2·91 BM i, 164

* Appointed to Armenia A.H. 183 (*I.A.*, vi. 111).

† Perhaps Sa'īd b. Salm, سعيد بن سَلْم بن قتيبه, appointed governor of al-Jazīrā 180 A.H. (*I.A.*, vi. 105), and of Marash 191 A.H. (*Ibid*, vi. 141). There is a coin of Sa'īd b. Salm, struck in Armenia in 181, preserved in the Hermitage at St. Petersburg. The name has hitherto been read اسمعيل بن ابرهيم (Tiesenhausen, no. 1482), but the reading appears to me untenable, nor is any such governor mentioned in the histories.

YEAR 443

182 **Madīna Balkh**

بمدينة بلخ سنة اثنين وثمنين ومئة

Rev. محمد رسول الله

مما امر به الامير الامين

محمد بن امير المؤمنين

ولى عهد المسلمين

بخ

AR 2·88 BM i, 170

444

185 و

Rev. محمد رسول الله

مما امر به الامير ولى

عهد المسلمين الامين

محمد بن امير المؤمنين

بخ

AR 2·83 BM Add. i, 170c

445, 446

185

Rev. و

محمد رسول الله

مما امر به الامير المامون

عبد الله بن امير المؤمنين ولى

ولى عهد المسلمين

بخ

AR 2·87 p.; 2·68 BM i, 171

447

186 Like 445

AR 2·75 BM i, 172

448

187 Like 445

AR 2·80 BM i, 173

YEAR

449

188 Like 445

Æ 2·94 BM i, 174

450

189 Like 445; but above and beneath rev. علی and م instead of و and بخ

Æ 2·97 BM i, 175

451

190

Rev.

•
محمد رسول الله
مما امر به الامير على بن عيسى
مولى امير المؤمنين
ع

Æ 2·55 P i, 787

452

193

Rev.

ح
محمد
رسول
الله
م

Æ

453

190 *Al-Rāfiḳa*

بالرافقة سنة تسعين ومئة

Like 250: beneath rev. ر

Æ 2·43 BM Add. i, 175P

454

179 *Madīna Zaranj*

بمدينة زرنج سنة تسع سبعين ومئة

Rev.

جعفر
محمد رسول الله
صلى الله عليه وسلم
الخليفة الرشيد
بخ

Æ 2·92

YEAR

455

180 بمدينة زرنج سنة ثمنين ومئة

Like 454: but جعفر beneath rev., nothing above.

Æ 2·77 BM i, 176

456

184 Like 454: but above rev. على; beneath بن بركة
بخ

Æ 2·90

457

185 Like 456

Æ 2·75 BM i, 178

458

187 Like 454: but above rev. على; beneath,

سيف بن الطبرانى

Æ 2·70 BM i, 179

459

192 Like 454: but above rev. هرثمة; beneath, الحكم

Æ 2·88

460

193 **Madīna Samarḳand**

بمدينة سمرقند سنة ثلث وتسعين ومئة

Like 250: but beneath rev. حمويه

Æ 2·88 BM i, 181

461

177 ? **Al-ʿAbbāsīya**

بالعباسية سنة سبع (؟) وسبعين ومئة

Like 250: but above rev. بخ; beneath, يزيد

Æ 2·95

462

Year obscure: above rev. بخ مر; beneath, يزيد ول

Æ 2·41 BM i, 185

YEAR 463

174 **Al-Mubāraka**

بالمباركة سنة اربع وسبعين ومئة

Like 250: above rev. ع ; beneath, بد

AR 2·78

464

107 **Al-Moḥammadīya**

بالمحمدية سنة سبعين ومئة

Rev. مبا
محمد رسول الله
صلى الله عليه وسلم
الخليفة الرشيد
رك

AR 2·75

465

170 Like 464: but

Rev. مبا
محمد رسول
الله صلى الله
عليه و سلم
الخليفة الرشيد
رك

AR 2·75 BM i, 188

466

171 Like 465

AR 2·85 BM i, 189

467

172 (اثنين)

Rev. حارث
محمد رسول
الله الخليفة الرشيد
مما امر به محمد
بن امير المؤمنين
ص

AR 2·73 BM i, 191

YEAR

468

172 Like 467 : but اثنتين ; and above rev. حارث ;
beneath, • الفضل •

AR 4·07

469

172 Rev. like 465, but above and beneath دا / ود

AR 2·95 BM i, 190

470

173 Like 469 : but above rev. يحيى ; beneath, بهلول

AR 2·95 p. BM i, 193

471

175 Like 464 : but وسلم transferred to third line of rev. ; nothing above ; beneath, يزيد

AR 2·95 BM i, 196

472

180 Rev.

ه
محمد رسول
الله مما امر به الامير الامين
محمد بن امير المؤمنين فى
ولاية محمد بن يحيى
جعفر

AR 2·70 p. P i, 816

473, 474

180 Rev.

و
محمد رسول الله
مما امر به الامير الامين
محمد بن امير المؤمنين
جعفر

AR 2·85 ; 2·55 BM i, 198

475

181 Like 473

AR 2·83 BM i, 197

YEAR 476—478

182 Like 473: but above rev. ∴; beneath جعفر

AR 2·80 twice p. BM i, 198

479, 479A

183 Like 476, without ∴.

AR 2·90 BM Add. i, 198[a]

480

183 Like 473, but above rev. داود; beneath صرد

AR 2·80

481

184 Rev.

س
محــــــمـد رســـول
الله صلى الله عليه وسلم
مما امر به الامير الامين
محمد ابن امير المؤمنين
جعفر

AR 2·85 BM i, 200

482

185 Like 481: but و instead of س above rev.

AR 3·00 BM i, 202

483, 484

186 Like 482

AR 2·86 BM i, 203

485, 486

188 Rev.

محـمـد
رســـول
الـــله
d

AR 2·95 BM i, 204

YEAR

487

189 Like 485

Æ 2·90 BM i, 206

488

190 Like 485

Æ 2·84 BM i, 207

489

193 Like 485

Æ 2·96 BM i, 210

490

171 **Madīnat-al-Salām (Baghdād)**

بمدينة السلام سنة احدى وسبعين ومئة

Rev. محمد
رسول
الله
ع

Second marginal inscr. on rev. مما امر به عبد الله
هرون امير المؤمنين

Æ 2·80

491—493

179 Rev. محمد رسول الله
مما امر به الامير الامين
محمد بن امير المؤمنين
جعفر

Æ 2·77 BM i, 212

494, 495

180 Like 491

Æ 2·84 BM i, 213

496

181 Like 491

Æ 2·75 BM i, 214

YEAR

497

182 Like 491

AR 2·97 BM i, 215

498

183 Like 491

AR 3·00 BM i, 216

499

185 Like 491

AR 2·05 BM i, 218

500

186 Like 491

AR 2·80 BM i, 219

501—503

187 Rev.

محمد
رسول
الله

AR 2·95 BM i, 220

504

188 Like 501 : beneath rev. ه

AR 2·85 BM i, 221

505

189 Like 504

AR 2·95 BM i, 2.2

506—508

190 Like 504

AR 2·92 BM i, 223

509, 510

191 Like 504

AR 2·90 BM i, 224

YEAR 511, 512

192 Like 504

AR 2·86 BM i, 225

513, 514

193 Like 504

AR 2·88 BM i, 226

515

191 **Ma'din Bājunays**

بمعدن باجنيس سنه احدى وتسعين ومئة

Rev. جعفر (? م)

محمد رسول الله

مما امر به الامير الامين

محمد بن امير المؤمنين

داود

AR 2·65 P i, 846

516, 517

190 **Ma'dīn-al-Shāsh**

بمعدن الشاش سنة تسعين ومئة

Rev. على

محمد رسول الله

مما امر به الامير المامون

عبد الله بن امير المؤمنين ولى

ولى عهد المسلمين

النصر

AR 2·67 BM i, 228

518, 519

190 Like 516: but نصر instead of النصر

AR 2·85

VI. AL-AMĪN

A.H. 193—198 = 809—813 A.D.

GOLD

YEAR

520

194 سنة اربع وتسعين ومئة

Rev. محمد

رسول

الله

الخليفة

AV 4·23 BM i, 232

521

195 Like 520:

but above rev. الخليفة

beneath rev. الامين

AV 4·15 BM i, 233

522

197 Like 520:

but above rev. ربى الله

beneath, الامين

AV 4·13

523

198 Like 520: omitting الخليفة

AV 4·19

SILVER

YEAR 524

194 **Madīna Bukhārā**

بمدينة بخارا سنة اربع وتسعين ومئة

Rev. لله

محمد رسول الله

مما امر به الامير المأمون

ولى عهد المسلمين

عبد الله بن امير المؤمنين

الفضل

Point beneath obv.

AR 2·77 BM Add. i, 235[a]

525

194 **Madīna Balkh**

بمدينة بلخ سنة اربع وتسعين ومئة

Like 524

AR 2·98 BM Add. i, 237[a]

526

194 **Madīna Samarḳand**

بمدينة سمرقند سنة اربع وتسعين ومئة

Like 524

AR 2·50

527

195 Like 524

AR 2·65 BM Add. i, 238[d]

528

193 **Madīnat-al-Salām**

بمدينة السلام سنة ثلث وتسعين ومئة

Rev. ربى الله

محمد

رسول

الله

AR 2·95 BM i, 240

YEAR

529

194 Like 528

AR 2·92 BM i, 241

530, 531

195 Rev. ربى الله

محـــمـد رسـول الــلـه

مما امر به عبد الله الامين

محـــمـد امير المؤمنين

العباس

AR 2·92 BM i, 243

532

196 Rev. ربى الله

محـــمـد رسول الــله

مما امر به عبد الــله

محمد امير المؤمنين

الامين

AR 2·86 BM Add. i, 244[a]

533

194 **Madīna Naysābūr**

بمدينة نيسابور سنة اربع وتسعين ومئة

Rev. لله

محـــمـد رســول الـــلـه

مما امر به الامير المامون

ولـــى عـــهـــد المسلمين

عبد الله بن امير المؤمنين

جبريل

AR 2·65 BM i, 246

VII. AL-MA'MŪN

A.H. 198*—218 = 813—833 A.D.

GOLD

NO NAME OF MINT

YEAR — 534

196 — سنة ست وتسعين ومئة

Beneath obv. عباد

Rev. الخليفة
محمد
رسول
الله
المأمون

AV 4·22 p.

535

197 — Like 534

AV 4·25 — BM i, 247

536

198 — Like 534

AV 4·23

537

198 — Like 534: but beneath obv. المطلب ; above rev. الامام ; beneath المامون

AV 4·33, ringed — P i, 870

* Al-Amīn died in Muḥarram 198, when al-Ma'mūn's legal succession took place, but the latter had claimed the caliphate several years before. Al-Ma'mūn never put his brother's name on his coins, but acknowledged his caliphate by styling himself *walīyu-'ahdi-l-muslimīn* or heir-designate. In 195, however, he dropped even this sign of homage, and styled himself Caliph on his coins.

YEAR 538, 539

198 Like 534: but beneath obv. العباس
AV 4·28 BM i, 248

540

200 سنة مائتين Nothing beneath obv.

Rev. لله
محـــمـــد
رســـــول
الـــــــله
ذو الرياستين

AV 4·22 BM i, 250

541

201 Nothing beneath obv.

Rev. محمد
رســول
الـــله
ح

AV 4·12

542

203 Like 541
AV 4·2)

543

203 Like 540: rev. margin begins بسم الله الرحمن الرحيم
AV 4·22 BM i, 253

544

204 Like 541: but above rev. لله, nothing beneath.
AV 4·07 p.

545

205 Like 544
AV 3·15 BM i, 256

546

206 (مئتين) Like 534: but beneath obv. عبيد الله بن السرى
AV 4·20 BM i, 257

547

207 Like 546
AV 4·25 BM i, 258

YEAR

548

207 Like 544: but obv. and rev. margins transposed, and additional outer obv. margin لله الامر من قبل ومن بعد ويومئذ يفرح المؤمنون بنصر الله

AV 4·21 BM i, 259

549

208 (مئتين) Like 546

AV 4·25 BM i, 260

550

209 (مئتين) Like 546

AV 4·22 P i, 881

551

210 سنة عشرة ومائتين

Like 548, with outer margin.

AV 4·01

WITH MINT-NAMES.

552

199 **Al-'Irāḳ**

Beneath obv. العراق

Rev. like 540, adding د beneath

AV 4·16 BM i, 249

553

198* **Madīnat-al-Salām**

Beneath obv. مدينة السلام

Rev. لله

محمد

رسول

الله

ذو الرياستين

Margin begins بسم الله الرحمن الرحيم

AV 4·00

* The earliest occurrence of a mint-name on an 'Abbāsid dīnār; but it does not occur in the marginal date inscription.

YEAR

554

215 بسم الله ضرب هذا الدينر بمدينة السلام سنة خمس عشرة ومائتين

Like 548, with outer margin

AV 4·23

555

199 Miṣr (Egypt)

بمصر سنة تسع وتسعين ومئة

Beneath obv. لمطلب (*sic*)

Rev. ذو الرياستين
محـــمـــد
رســـــول
الـــــلـــه
الفضل

AV 4·28 BM i, 264

556

200 بمصر فى سنة مائتين

Like 555

AV 4·12

557

200 Beneath obv. السرى

Rev. لله طاهر
محـــمـــد
رســـــول
الـــــلـــه
ذو اليمينين

AV 4·22 BM i, 265

558

201 بمصر سنة احدى ومئتين

Like 557

AV 4·26 P i, 888

YEAR

559

202 بمصر سنة اثنتين ومئتين

Like 557

AV 3·68 BM i, 266

(WITH AL-MAGHRIB)

560

203 بمصر سنة ثلث ومئتين

Beneath obv. المغرب

Rev. لله طاهر

محمد

رسول

الله

السرى

AV 4·20 p. BM i, 267

561

204 بمصر سنة اربع ومئتين

Like 560

AV 4·30 BM i, 268

(WITHOUT AL-MAGHRIB)

562

209 بمصر سنة تسع ومئتين

Like 535 : but beneath obv. عبيد الله بن السرى

AV 4·15 BM i, 269

563

202 **Al-Maghrib**

سنة اثنتين ومئتين السرى

Beneath obv. المغرب

Rev. لله الفضل

محمد

رسول

الله

ذو الرياستين

AV 3·90 BM i, 252

YEAR

564

205 سنة خمس ومئتين

Beneath obv. المغرب

Rev. لـــلـــه طـــاهر

مـحـــمـــد

رســـــــول

الـــــلـــه

محمد بن السرى

AV 4·22 BM i, 256

SILVER

565

197 Madīna Iṣpahān

بمدينة اصبهان سنة سبع وتسعين ومئة

Rev. لله

مـحـــمـد

رســـول

الـــــلـــه

هرثمة

d

AR 2·91 BM i, 275

566

198 Like 565

AR 2·96 BM, i, 275[A]

567

200 (مأتين) Beneath obv. المشرق

Rev. لله

مـحـــمـــد

رســـــول

الـــــلـــه

ذي الرياستين

AR 2·90 BM i, 277

YEAR

568

201 Like 567: two points beneath rev.

Æ 2·90 BM i, 278

569

198 **Al-Baṣra**

بالبصرة سنة ثمان وتسعين ومئة

Like 567

Æ 2·90

570

197 **Madīna Samarḳand**

بمدينة سمرقند سنة سبع وتسعين ومئة

Rev. لله

محمد رسول الله

مما امر به الامام

المامون امير المؤمنين

الفضل

Æ 3·25

571

198 Like 570: but above rev. لله وبه

Æ 3·12 BM i, 286

572

199 Beneath obv. المشرق

Rev. like 567

Æ 2·85 BM i, 287

573

200 (مأتين) Like 572

Æ 2·83 BM Add. i, 287ª

574

201 Like 572

Æ 2·63 BM i, 288

YEAR 575

206 **Al-Kūfa**

بالكوفة سنة ست ومائتين

Rev. لله

محمد

رسول

الله

Outer obv. marg. لله الامر الخ

Æ 3·02

576

197 **Al-Moḥammadīya**

بالمحمدية سنة سبع وتسعين ومئة

Rev. like 567: but beneath vezīr's name م

Æ 2·40

577

198 **Madīnat-al-Salām**

بمدينة السلام سنة ثمان وتسعين ومئة

Rev. like 567

Æ 2·91 BM i, 291

578

199 Rev. like 567

Æ 2·90 BM i, 292

579

200 (مائتين) Rev. like 567

Æ 2·90 BM Add. i, 292[a]

YEAR

579A

196 **Madīna Herāt**

بمدينة هراة سنة ست وتسعين ومئة

Rev. لله

محــــمــد

رســــول

الـــلـه

الفضل

AR 2·45

580

199 بمدينة هراة سنة تسع وتسعين ومئة

Beneath obv. المشرق

Rev. like 567

AR 3·20

VIII. AL-MU'TAṢIM

A.H. 218—227=833—842 A.D.

GOLD

YEAR 581

225 **Al-Moḥammadīya**

بالمحمدية سنة خمس وعشرين ومائتين

Outer obv. marg. لله الامر الخ

Rev. لله

محمد

رسول

الله

المعتصم بالله

AV 4·05 p.

582

222 **Madīnat-a/-Salām**

بمدينة السلام سنة اثنتين وعشرين ومائتين

Like 581*

AV 4·00

583

226 **Merv**

بمرو سنة ست وعشرين ومائتين

Like 581

AV 4·21

* Henceforward almost all the coins have the additional outer obv. marg. inscr. لله الامر الخ; and the rev. consists of the usual "prophetic mission," with لله above, and the name of the caliph beneath. Only deviations from this arrangement will in future be recorded in the 'Abbāsid series.

SILVER

YEAR 584, 585

222 **Damascus**

بدمشق سنة اثنتين وعشرين ومائتين

Like 581

Æ 2·79

586

226 **Madīnat-al-Salām**

بمدينة السلام سنة ست وعشرين ومائتين

Like 581

Æ 2·92 BM Add. i, 311b

IX. AL-WĀTHIḲ

A.H. 227—232=842—847 A.D.

GOLD

YEAR 587

227 Miṣr

بمصر سنة سبع وعشرين ومائتين

Beneath rev. الواثق بالله

AV 4·21 BM i, 313

588

232 بمصر سنة اثنتين وثلثين ومائتين

AV 4·07 P i, 937

SILVER

589

229 Iṣpahān

باصبهان سنة تسع وعشرين ومائتين

Like 587

AR 2·82 (formerly ringed)

590

227 Madīnat-a/-Salām

بمدينة السلام سنة سبع وعشرين ومائتين

Like 587

AR 2·85 BM Add. i, 315[1]

YEAR

591

230 بمدينة السلام سنة ثلثين ومائتين

Æ (twice pierced) BM Add. i, 315k

592

226 Miṣr

بمصر سنة ست وعشرين ومائتين

Like 587

Æ 2·50

X. AL-MUTAWAKKIL

A.H. 232—247=847—861 A.D.

GOLD

593

246 **Merv**

بمرو سنة ست واربعين ومائتين

Beneath obv. المعتز بالله

Beneath rev. المتوكل على الله

AV 4·18

594

238 **Miṣr**

بمصر سنة ثمان وثلثين ومائتين

Beneath obv. ابو عبد الله

Beneath rev. المتوكل على الله

AV 3·68 P i, 951

595

240 بمصر سنة اربعين ومائتين

Like 593

AV 4·00

596

242 Like 593

AV 4·26 BM i, 321

597

243 Like 593

AV 3·93

YEAR 598

245 Like 593

Ꞥ 4·23 BM i, 322

SILVER

599

247 **Al-Baṣra**

بالبصرة سنة سبع واربعين ومائتين

Like 593

Æ 3·68

600

235 **Surra-man-ra·ā** *

بسر من رأى سنة خمس وثلثين ومائتين

Like 593 : but nothing beneath obv.

Æ 4·00 BM i, 321

601

244 **Madīnat-a'-Salām**

بمدينة السلام سنة اربع واربعين ومائتين

Like 593

Æ 4·26

* Surra-man-raä, meaning "Who sees [it] rejoices," is the Arab variation of the Persian name Sāmarrā. It stands on the Tigris about 30 leagues above Baghdād, and was the residence of the caliphs from al-Mu'taṣim to al-Mu'tamid.

XII. AL-MUSTA'ĪN

A.H. 248—251=862—866 A.D.

GOLD

YEAR 602

251 **Al-Shāsh** *

بالشاش سنة احدى وخمسين ومائتين

Beneath obv. العباس بن
امير المؤمنين

Beneath rev. المستعين بالله

AV 4·11 (clipped) BM Add. i, 333[b]

603

249 **Miṣr**

بمصر سنة تسع واربعين ومائتين

Like 602

AV 4·16 BM Add. i, 335[b]

604

250 Like 602

AV 4·18 BM i, 336

* This dīnār was doubtless struck by the Ṭāhirid governor Moḥammad b. Ṭahir; but as he did not inscribe his name upon it, it is necessarily classed under the caliph whose supreme authority is recognized in the inscriptions. The same remark applies to nos. 605 and 612.

XIII. AL-MU'TAZZ

A.H. 251—255 = 866—869 A.D.

GOLD

YEAR

605

253 **Samarkand**

بسمرقند سنة ثلث وخمسين ومائتين

Beneath rev. المعتز بالله

امير المؤمنين

N 4·05 BM i, 342

SILVER

606

251 **Surra-man-ra·ā**

بسر من رأى سنة احدى وخمسين ومائتين

Like 605

R 2·85 BM i, 347

607

No Mint or Date *

Obv. لا اله الا

الله

المعتز بالله

ابقاه الله

Rev. محمد رسول

الله

عبد الله بن

امير المومنين

س

R 2·80, very small size, p.

* The absence of mint and date, the unusual benedictory formula, and the small size of this dirhem are noteworthy.

XV. AL-MU'TAMID

A.H. 256—279 = 870—892 A.D.

GOLD

YEAR 608

265 **Al-Ahwāz**

بالاهواز سنة خمس وستين ومائتين

Beneath obv. الموفق بالله

Beneath rev. المعتمد على الله

AV 4·25

609

270 Beneath obv. الموفق بالله

Beneath rev. المعتمد على الله

ذو الوزارتين

AV 3·86 BM i, 352

610

274 **Al-Rāfiḳa**

بالرافقة سنة اربع وسبعين ومائتين

Beneath obv. المفوض الى الله

Beneath rev. المعتمد على الله

احمد بن الموفق

بالله ر

AV 3·76 p. P i, 998

YEAR 611

261 **Surra-man-ra·ā**

بسر من رأى سنة احدى وستين ومائتين

Beneath obv. جعفر

Beneath rev. المعتمد على الله

AV 4·11 p.

612

268 **Samarkand**

بسمرقند سنة ثمان وستين ومائتين

Like 608

AV 4·23 p. BM Add. i, 354 a

613

270 Like 608

AV 4·20

614

258 **Madīnat-al-Salām**

بمدينة السلام سنة ثمان وخمسين ومائتين

Like 611 : beneath caliph's name, ص

AV 4·40 p. P i, 10.3

615

267 Like 608

AV 3·71 BM i, 360

616

259 **Misr**

بمصر سنة تسع وخمسين ومائتين

Like 611 : beneath caliph's name, ر

AV 4·25 P i, 1021

YEAR 617

260 Like 611 : letter obliterated beneath rev.

AV 4·15 BM i, 365

618

263 Like 611 : no letter.

AV P i, 1022

618A

273 **No Mint indicated.**

Like 608

AV 4·18

618B

275 Like 611 : but beneath caliph's name, شعيب

AV 4·00

618C

281 سنة احدى وثمنين ومائتين

Like preceding: date posthumous

AV 3·90 p.

619

261 **Baḥrayn**

...... سنة احدى وستين ومائتين

(Mint in marg. obliterated)

Like 611 : but beneath caliph's name, بحرين *

AV 3·9

* Rogers read this word, erroneously, ابريز. Lavoix read نجران ? on a coin (P. 1020) struck in 258 at Miṣr ; but his plate shows a mint بمصر apparently.

SILVER

YEAR

620

267 **Surra-man-ra'ā**

بسر من رأى سنة سبع وستين ومائتين

Beneath obv. المفوض الى الله

Beneath rev. المعتمد على الله

ح

AR 2·78 P i, 1031

621

266 **Madīnat-al-Salām**

بمدينة السلام سنة ست وستين ومائتين

Like 608

AR 2·75 BM Add 375a

621A

2 6/7 4 **Naṣībīn**

بنصيبين سنة اربع و..ين ومائتين

Like 620

AR 3·05

XVI. AL-MU'TAḌID

A.H. 279—289 = 892—902 A.D.

GOLD

YEAR 622

286 **Aleppo**

بحلب سنة ست وثمنين ومائتين

Beneath rev., المعتضد بالله

A' 3·55

623

281 **Al-Rāfiḳa**

بالرافقة سنة احدى وثمنين ومائتين

Like 622

A' 4·25

SILVER

624

288 **Al-Baṣra**

بالبصرة سنة ثمان وثمنين ومائتين

Like 622

AR 3·40

YEAR

625

288 **Surra-man-ra·ā**

بسر من رأى سنة ثمان وثمنين ومائتين

Like 622

AR 3·00

626

286 **Madīnat-al-Salām**

بمدينة السلام سنة ست وثمنين ومائتين

Like 622

AR 3·00 BM i, 388

627

284 **Wāsiṭ**

بواسط سنة اربع وثمنين ومائتين

Like 622

AR 2·00 BM i, 391

628

289 Like 622

AR 2·65 P i, 1072

XVII. AL-MUKTAFĪ

A.H. 289—295 = 902—908 A.D.

GOLD

YEAR 629

294 **Ḳumm**

بقم سنة اربع وتسعين ومائتين

Beneath rev., المكتفى بالله

AV 4·61 P i, 1076

630

292 **Miṣr**

بمصر سنة اثنين وتسعين ومائتين

Like 629

AV 4·24 P i, 1077

631

293 Like 629

AV 4·11 p.

632

294 Like 629

AV 4·11 p. P i, 1078

633

293 **Hamadhān**

بهمذان سنة ثلث وتسعين ومائتين

Like 629

AV 5·75 p.

YEAR SILVER

634

292 **Al-Kūfa**

بالكوفة سنة اثنتين وتسعين ومائتين

Like 629

Æ 3·12

635

290 **Madīnat-al-Salām**

بمدينة السلام سنة تسعين ومائتين

Like 629

Æ 1·53 BM i, 401

636, 637

291 Beneath obv. والى الدولة

Beneath rev. المكتفى بالله

Æ 3·17 BM i, 402

638

294 بمدينة السلام سنة اربع وتسعين ومائتين

Like 629

Æ 2·92 p., formerly ringed BM i, 404

639

295 **Al-Mōṣil**

بالموصل سنة خمس وتسعين ومائتين

Like 629

Æ 3·12 P i, 1108

XVIII. AL-MUKṬADIR

A.H. 295—320 = 908—932 A.D.

GOLD

YEAR

640

316 **Ardabīl**

باردبيل سنة ست عشرة وثلثمائة

Beneath obv. ابو العباس بن
امير المومنين

Beneath rev. المقتدر بالله
* الفتح بن الافشين
مولى امير المؤمنين

AV 3·18

641

300 **Ḥarrān**

بحران سنة ثلثمائة

Points above and beneath obv.

Beneath rev., المقتدر بالله

AV 3·10

642

301 **Damascus**

بدمشق سنة احدى وثلثمائة

Beneath obv. ابو العباس بن
امير المؤمنين

Beneath rev. المقتدر بالله

AV 3·66

* Al-Fatḥ b. Moḥammad al-Afshīn was the fourth and last of the petty dynasty of the Sājids who governed Adharbījān under the caliphs from 266 to about 318.

YEAR

643

312 بدمشق سنة اثنتى عشرة وثلثمائة

Like 642

AV 4·11

644

300 Al-Rāfiḳa

بالرافقة سنة ثلثمائة

Like 642

AV 4·66

645

311 Sūḳ-al-Ahwāz

بسوق الاهواز سنة احدى ..رة وثلثمائة

Like 642

AV 4·00

646

316 Like 642

AV 4·25 BM Add. i, 410c

647

310 Ṣan'ā

بصنعا سنة عشر وثلثمائة

Beneath rev. المقتدر بالله

AV 1·90 small size

648

301 Filasṭīn (Palestine)*

بفلسطين سنة احدى وثلثمائة

Like 642

AV 3·90

* *I.e.* the capital of the Jund or military district called Filasṭīn, which was at this time al-Ramla.

YEAR

649

307 Like 642

AV 4·29

650

301 Ḳumm? *

بقما سنة احدى وثلثمائة

Like 642

AV 2·76

651

312 **Al-Moḥammadīya**

بالمحمدية سنة اثنتى عشرة وثلثمائة

Like 642

AV 4·10 BM Add. i, 418[a]

652

305 **Madīnat-al-Salām**

بمدينة السلام سنة خمس وثلثمائة

Like 642: but adding **d** beneath rev.

AV 3·80 BM Add. i, 419[g]

653

306 Like 652

AV 3·70 BM Add. i, 419[h]

654

296 **Miṣr**

بمصر سنة ست وتسعين ومائتين

Like 647

AV 4·00 BM Add. i, 419[k]

* This mint was read فره, Furah, by Rogers; but this is certainly a mistake. On the other hand, it may not be Ḳumm, as the name is written differently from that on the undoubted Ḳumm coin of 294.

Year			
		655	
301		Like 642	
	AV 4·06 p.		BM i, 420
		656	
302		Like 642	
	AV 4·00		P i, 1137
		657	
304		Like 642	
	AV 3·90 p.		BM Add. i, 420c
		658	
306		Like 642	
	AV 4·05		
		659	
307		Like 642	
	AV 4·10		P i, 1139
		660	
308		Like 642	
	AV 4·05		P i, 1140
		661	
309		Like 642	
	AV 3·75		P i, 1141
		662	
310		Like 642	
	AV 4·04		
		663	
311		Like 642	
	AV 3·66 p.		BM i, 423

YEAR 664

312 Like 642

$\mathcal{N}$ 4·15 P i, 1143

665, 665A

313 Like 642

$\mathcal{N}$ 3·79 BM i, 424

666, 666A

317 Like 642

$\mathcal{N}$ 4·05 p. BM Add. i, 424[d]

667

318 Like 642

$\mathcal{N}$ 3·35

668, 668A

319 Like 642

$\mathcal{N}$ 4·00 P i, 1146

669

320 Like 642:

beneath caliph's name, عميد الدولة*

$\mathcal{N}$ 3·95 BM Add. i, 424[g]

SILVER

670

31^{7}_{9} Ra·s-al-'Ayn

برأس العين سنة تسع عشرة وثلثمائة

Like 642

Æ 3·87 double-struck

* 'Amīd-al-dawla was the laḳab or honorific surname of the wazīr al-Ḥusayn b. al-Ḳāsim.

YEAR 671

302 Surra-man-ra·ā

بسر من رأى سنة اثنتين وثلثمائة

Like 642

Æ 2·78 P i, 1162

672

304 Like 642

Æ 3·05 P i, 1164

673

313 Like 642

Æ 3·12 P i, 1171

674

317 Like 642

Æ 3·32 BM Add. i, 433[cc]

675

298 Fāris

بفارس سنة ثمان وتسعين ومائتين

Æ 3·50 badly struck

676

297 Madīnat-al-Salām

بمدينة السلام سنة سبع وتسعين ومائتين

Like 642

Æ 3·27 P i, 1184

677

302 (اثنتين وثلثمائة) Like 642

Æ 2·91 p. BM Add. i, 439[a]

YEAR

678

303 Like 642: two points beneath rev.

Æ 3·16

679, 680

304 Like 642

Æ 2·83, broken; 681 p. BM i, 441

681

306 Like 642

Æ 3·50 BM i, 442

682

312 Like 642

Æ 3·52 P i, 1108

683

315 Like 642

Æ 3·08 p. BM i, 445

684, 685

319 Like 642: point beneath rev.

Æ 2·02 BM i, 447
4·68, formerly ringed

686

320 Like 642

Æ 2·78 P i, 1206

687

318 **Naṣībīn**

بنصيبين سنة ثمان عشرة وثلثمائة

Like 642

Æ 2·62 double-struck

XIX. AL-KĀHIR

A.H. 320—322 = 932—934 A.D.

SILVER

YEAR 688

321 **Madīnat-al-Salām**

بمدينة السلام سنة احدى وعشرين وثلثمائة

Beneath obv. ابو القاسم بن
امير المؤمنين

Beneath rev. القاهر بالله

Æ 2·58 BM i, 154

689

322 Obv. as 688

Rev. لله
محمد رسول الله
القاهر بالله
المنتقم من اعدا
الله لدين الله

Æ 2·70 P i, 1228

690

$32\frac{1}{2}$ **Al-Mōṣil**

بالموصل سنة احدى (or اثنتين) وعشرين وثلثمائة

Like 689

Æ 3·50 double-struck

691

322 **Naṣībīn**

بنصيبين سنة اثنتين وعشرين وثلثمائة

Like 689

Æ 2·85

O

XX. AL-RĀḌĪ

A.H. 322—329 = 934—940 A.D.

GOLD

YEAR 692

325 Sūḳ-al-Ahwāz

بسوق الاهواز سنة خمس وعشرين وثلثمائة

Beneath rev., الراضى بالله

•

AV 4·75

693

322 Miṣr

بمصر سنة اثنتين وعشرين وثلثمائة

Beneath rev., الراضى بالله

AV 3·90

694—699

323 Like 693

AV 3·80, six duplicates, one p. BM Add. i, 457a

700, 701

325 Like 693 : but beneath obv., ح

AV 3·75 BM i, 458

702

326 Like 693

AV 1·25

YEAR

703

327 Like 693 : but

beneath obv., • ; beneath rev., د

AV 3·30 BM i, 460

704, 705

328 Like 703

AV 3·70 p. BM i, 461

706

329 Like 693 : beneath obv., •

AV 3·80 BM i, 462

SILVER

707

3[2]4 Al-Baṣra

بالبصرة سنة اربع . . . . . وثلثمائة

Like 693

AR 3·93

708

323 Ra·s-al-ʻAyn

برأس العين سنة ثلث وعشرين وثلثمائة

Like 693

AR 3·36

YEAR

709

323 **Surra-man-ra·ā**

بسر من رأى سنة ثلث وعشرين وثلثمائة

Like 693

AR 3·65 BM Add. i, 464[1]

710

327 Beneath obv. ابو الفضل بن

امير المؤمنين

Beneath rev. الراضى بالله

AR 2·54 P i, 1242

711

322 **Madīnat-al-Salām**

بمدينة السلام سنة اثنتين وعشرين وثلثمائة

Like 693

AR 3·30 p. BM Add. i, 464[2]

712, 713

323 Like 693

AR 3·93
2·70 BM i, 465

714

324 Like 693: but beneath caliph's name, د

AR 3·65 BM i, 466

715, 716

325 Like 714

AR BM i, 467

717

Same year: but obv. like 710

AR 2·81

YEAR

718, 719

326 Like 693 : beneath rev., د

AR 3·63 BM i, 468

720

327 Like 710

AR 2·28 BM Add. i, 468a

721

328 Like 710

AR 3·62 BM i, 469

722

323 **Al-Mōṣil**

بالموصل سنة ثلث وعشرين وثلثمائة

Like 693 : but beneath caliph's name, د

AR 2·59

723

327 Like 710

AR 2·65

724

323 **Naṣībīn**

بنصيبين سنة ثلث وعشرين وثلثمائة

Like 693

AR 4·68

XXI. AL-MUTTAKĪ

A.H. 329—333 = 940—944 A.D.

GOLD

YEAR 725

329 **Miṣr**

بمصر سنة تسع وعشرين وثلثمائة

Beneath rev., المتقى لله

N 3·60 p.

SILVER

726

329 **Madīnat-al-Salām**

بمدينة السلام سنة تسع وعشرين وثلثمائة

Beneath obv. ابو منصور بن

امير المؤمنين

Beneath rev. المتقى لله

AR 3·82 BM i, 476

727

330 Like 726

AR 4·05 BM i, 477

728

329 **Naṣībīn**

بنصيبين سنة تسع وعشرين وثلثمائة

Like 726

AR 3·35

XXXIV. AL-NĀṢIR

A.H. 575—622 = 1180—1225 A.D.

GOLD

YEAR 729

608 **Madīnat-al-Salām**

بمدينة السلام سنة ثمان وستمائة

الامام
لا اله الا الله
وحده لا شريك له
الناصر لدين الله
امير المؤمنين

Outer Marg. لله الامر الخ

Rev. الحمد لله
محمد
رسول الله
صلى الله عليه

N 11·20 P i, 1287

730

609 Like 729

N 7·20 p. BM i, 186

731

611 Like 729

N 7·21 BM i, 187

YEAR

612 — 732

اثنى عشرة وستمائة

Like 729 : ornament beneath rev.

N 4·00 — BM i, 488

613 — 733

Like 732

N 9·03 — BM Add. i, 488b

614 — 734, 735

Like 732

N 10·10
5·48 p. — BM Add. i, 488c

616 — 736, 737

Like 729

N 3·11
2·93 — BM i, 490

617 — 738

Like 729

N 6·53 — BM i, 491

621 — 739

Like 729

N 3·00 — BM i, 491

XXXV. AL-ẒĀHIR

A.H. 622—623 = 1225—1226 A.D.

GOLD

YEAR	740
622	**Madīnat-al-Salām**

بمدينة السلام سنة اثنتين وعشرين وستمائة

Like 729 : but last lines of obv.,

الظاهر بامر الله
امير المؤمنين

AV 7·44 BM Add. i, 495[w]

P

XXXVI. AL-MUSTANṢIR

A.H. 623—640 = 1226—1242 A.D.

SILVER

YEAR | 741

638 **Madīnat-al-Salām**

Obv. لا اله الا
الله محمد
رسول الله

Margin بسم الله ضرب هذا الدرهم بمدينة السلام
سنة ثمان وثلثين وستمائة

No outer margin

Rev. الامام
المستنصر
بالله امير
المؤمنين

Margin نصر من الله وفتح قريب وبشر المؤمنين

AR 2·95 BM i, 500

742

639 Like 741

AR 2·80 BM Add. i, 500b

743

6.x.x Like 741, date nearly obliterated

AR 2·97

XXXVII. AL-MUSTAʿṢIM

A.H. 640—656 = 1242—1258 A.D.

GOLD

YEAR — 744

640 — **Madīnat-al-Salām**

بمدينة السلام سنة اربعين وستمائة

Obv. — الامام

لا اله الا الله

وحده لا شريك له

المستعصم بالله

امير المؤمنين

بنصر الله

(right margin) لله الامر من | قبل ومن بعد

(left margin) ويومئذ يفرح | المؤمنون

Rev. like 729: but at bottom وسلم, and at sides ولوكره | المشركون

AV 6·60 — BM i, 503

745, 746

642 — Like 744

AV 13·80
8·09 — BM i, 505

747

643 — Like 744

AV 4·91 p. — BM i, 506

YEAR

748

649 Like 744

AV 7·61 BM Add. i, 509[a]

749

64*x* Like 744: unit obliterated

AV 7·80

750

650 Like 744

AV 7·86 P i, 1327

751

654 Like 744

AV 6·97

752

65*x* Like 744

AV 7·32

753

6*xx* Like 744

AV 7·90

SILVER

754, 755

Madīnat-a*l*-Salām

Year obliterated: like 741, but المستعصم

AR 2·95
2·80 BM i, 512

EARLY COPPER COINAGE

I. BYZANTINE TYPE

756

Emesa

Obv. Heraclius facing, throned, holding sceptre and orb

At left بسم الله

At right ΛCO

Rev. M surmounted by cross

At left ЄMI

At right CH[C]

Beneath طيب

Æ BM Add. i, 16

757

Similar to 756 : but ᗰ ; inscription obliterated

Æ

758

Obv. Emperor and son, standing, facing, each holding sceptre

Between them محمد رسول الله

Margin لا اله الا الله وحده لا شريك له

Rev. A cross on three steps, between stars

Margin as on obv.

Æ

759

Ḥimṣ, Emesa

Obv. Bust of Constans II., facing, holding orb

At right بحمص

At left KAΛON

Rev. like 756 : but m, and above ○ ✱ ○ instead of cross

Æ BM Add i, 28

760

Īliyā Filasṭīn (Aelia, Jerusalem)

Obv. Caliph standing facing, with hand on sword

Around محمد رسول الله

Rev. m ; at sides, ايليا فلسطين

Æ BM Add i, 31

761

Ḳinnasrīn

Obv. Caliph as 760

Around لعبد الله عبد الملك امير المؤمنين

Rev. ф : at right بقنسرين

at left وٓاف

Margin لا اله الا الله وحده محمد رسول الله

Æ BM Add. i, 66

762

Mint obliterated

Obv. Caliph as 760

Around لا اله الا الله محمد رسول الله

Rev. ф : mint at left obliterated ; margin like obv.

Æ

II. WITH FORMULAS OF FAITH ONLY

763—790

Obv. لا اله
الا الله
وحده

Rev. محمد
رسول
الله

Æ BM i copper, 4 ff

791

Like 763 : inscriptions *reversed*

Æ BM i, c. 12

792

Like 763 : inscriptions enclosed in square within circle

Æ

793, 794

Like 763 : traces of marginal inscriptions

Æ

795

Like 763 : in centre of rev., ♉

Æ

796—800

Like 763 : on right of rev., branch ; traces of margin

Æ

801

Like 796 : but branch at left

Æ

802

Like 763 : rev. inscription arranged in triangular form

Æ

803

Like 763 : crescent above الله on rev.

Æ BM i, c. 14

804

Obv. like 763

Rev. محمد
عبد الله
ورسوله

Æ BM i, c. 22

805, 806

Obv. لا اله الا
الله وحده
لا شريك له

Margin محمد رسول الله ارسله بالهدى ودين الحق

Rev. محمد
رسول
الله

Margin ارسله بالهدى ودين الحق

Æ

807

Obv. بسم الله
لا اله الا ا
لله وحده

Rev. محمد
رسول
الله

Traces of margin

Æ

808, 809

Like 807 : but beneath obv., ornament between stars

Æ

810—822

Obv. بسم الله
لا اله الا
الله وحده

Rev. Around star, محمد رسول الله

Æ BM i, c. 1

823—825

Like 763 : but star in middle of obv. ;
rev. margin, بسم الله ضرب هذا الفلس واف

Æ

826

Obv. ازكة

Margin لا اله [الا الله] وحده

Rev. obliterated

Æ

III. WITH MINT.

827

Al-Urdunn (Jordan district)

Within a circle لا اله
الا الله
وحده
*

Rev. area محمد
رسول
الله

Margin بسم الله ضرب بالاردن

Æ P 1385

828—834

Ba'labakk

لا اله
الا الله
بعلبك

Rev. like 827 ; no margin

Æ BM i, c. 40

835—838

Dimashk (Damascus)

Obv. like 827

Rev. ضرب
هذا الفلس
بدمشق

Margin, traces of بسم الله . . . . الله

Æ BM i, c. 46; cf. P 1447

839—841

Ṭabarīya (Tiberias)

Like 827 : but rev. margin بسم الله ضرب هذا
الفلس بطبرية

Æ BM i, c. 52

Ḳinnasrīn 842

Like 827 : but rev. margin بسم الله ضرب هذا
الفلس بقنسرين

Æ

843, 844

Miṣr: al-Fusṭāṭ: governor, *'Abd-al-malik b. Marwān* [A.H. 132]

Obv. الفسطا
ط

Margin على يدى الامير عبد الملك بن مرون

Rev. مصر

Margin امر عبد الله مرون امير المؤمنين

Æ P 1494

845

Miṣr : al-Iskandarīya ? Governor, *'Abd-al-malik b. Marwān* [132]

Obv. area الاس

ريه (؟)

Margin امر عبد الله مرون امير المؤمنين

Rev. area مصر and three obscure characters (٥٨١)

Margin على يدى الامير عبد الملك بن مرون

Æ Double-struck

846

Mint obliterated

Obv. and rev. areas like 827 ; obv. margin obliterated

Rev. margin بسم الله ضرب هذا ا . . . .

Æ

IV. WITH MINT AND DATE.

847

Wāsiṭ, 116

Obv. لا اله الا

الله وحده لا

شريك له

Rev. area محمد

رسول

الله

Margin بسم الله ضرب هذا الفلس بواسط سنة

ست عشرة ومئة

Æ P 1520

848

Wāsiṭ, 123

Like 847 : but rev. margin

بسم الله ضرب هذا الفلس بواسط سنة ثلث
وعش[رين و] مئة

Æ

849

Al-Rayy, 130

Obv. مما امر به ا
لامير مكس
. . . عاصم (؟)
. . . .

Rev. بسم الله
ضرب هذا
الفلس بالرى سنة
ثلثين ومئة

Æ

COPPER COINS OF THE 'ABBĀSID GOVERNORS

(AL-SAFFĀḤ)

850, 851

'Abd-al-malik b. Yazīd [Miṣr, 133—136]

Obv. لا اله الا ا
لله وحده

Margin مما امر به الامير [عبد الملك] بن يزيد

Rev. محمد
رسول
الله

Margin ضرب هذ . . . . مئة

(851 nearly obliterated)

Æ P 1622-4

(AL-MANṢŪR)

852

Hishām b. 'Amr [al-Mōṣil, 145 ff.]

Obv. margin, in four segments, لا اله الا لله

Within square وحده

Rev. like 850

Margin امر [به] الامير هشام ابن عمرو . . . . . .

Æ P 1630

853

'Othmān b. Isḥāḳ, under *Ja'far b. al-Manṣūr*, **al-Mōṣil** [c. 150]

Obv. لا اله
الا الله
وحده

Margin ضرب ○ هذا ○ الفلس ○ بالموصل

Rev. لا قوة
الا بالله
العظيم

Margin امر الامير جعفر بن امير المؤمنين على
يدى عثمن بن اسحق

Æ 5·89 P 1634

854

Al-Mahdī b. al-Manṣūr, al-**Rayy, 145**

Obv. لا اله الا
الله وحده
لا شريك له

Margin بسم الله ضرب هذا الفلس بالرى سنة
خمس واربعين ومئة

Rev. •
محمد
رسول
الله
•

Margin مما امر به المهدى محمد بن امير
المؤمنين اكرمه [الله]

Æ 2·45

855

No governor's name, **Madīnat-al-Salām**

Like 854 : but no obv. margin : above and beneath rev. بخ ; mint and date in rev. margin

Æ 3·53

856—857A

Caliph's name, **Madīnat-al-Salām, 157**

Like 854 ; above rev. area ∴ ; beneath عدل ;

Obv. margin بسم الله ضرب هذا الفلس بمدينة السلام سنة سبع وخمسين ومئة

Rev. margin مما امر به عبد الله عبد الله امير المؤمنين اعز الله نصره و . . . . ه

Æ BM i, c. 95

858

Al-Baṣra, 1*xx*

Like 854 : no obv. margin

Rev. margin بسم الله ضرب هذا الفلس بالبصرة . . . . ومئة

Æ

859

Mint and date obliterated

Like 854 : but rev. margin, محمد رسول الله ضرب هذا الفلس . . . .

Æ

(AL-MAHDĪ)

860, 861

Caliph's name, **al-Kūfa, 163**

Like 854: no obv. margin; beneath rev. عدل;

Rev. margin مما امر به المهدى محمد امير المؤمنين
بالكوفة سنة ثلث وستين ومئة

Æ BM i, c. 113

862

Like 860: but beneath rev. بركة (?)

Æ

863

[*Ibrāhīm*] *b. Ṣāliḥ*, **Miṣr, 167**

Obv. like 854: but after date in margin, بن صالح;

Rev. محمد رسول
الله صلى الله
عليه وسلم
بخ بخ

No rev. margin

Æ

864

No governor's name, **Madīnat Āmul, 168**

Like 854: no rev. margin?

Æ

(AL-RASHĪD)

865

'Alī b. al-Ḥajjāj, **Ḳūmis**, no date

Like 854: but

Obv. margin . . . . عبد الله هرون امير
المؤمنين . . . .

Rev. margin بسم الله ضرب هذا الفلس بقومس على
يدى على بن الحجاج

Æ

866

Caliph's name, **al-Rāfiḳa, 189**

Like 854: but above rev. ∴, below عدل;

Obv. margin بسم الله ضرب هذا الفلس بالرافقة سنة
تسع وثمنين ومئة

Rev. margin بسم الله مما امر به عبد الله هرون امير
المؤمنين [اعز الله] نصره

Æ BM i, c. 128

867, 868

Damascus, 192

Like 854: no obv. margin; beneath rev. و;

Rev. margin بسم الله ضرب هذا الفلس بدمشق سنة
اثنتين وتسعين ومئة

Æ P 1580

869

Caliph's name; mint and date obliterated

Obv. like 854; no margin

Rev. مما امر به
هرون امير المؤمنين
اعز الله نصره
بخ بخ

Margin obliterated

Æ

870

Moḥammad [El-Amīn], mint and date obliterated

Obv. like 854

Rev. مما امر به ولى عهد
المسلمين محمد
بن امير المؤمنين

Margins obliterated

Æ

(AL-MA'MŪN)

871

Hamadhān, 200

Like 854: mint and date in obv. margin

Æ

872

Mint obliterated, year 2..

Beneath rev. ناصر

Æ

873

*ʻĪsā b. Manṣūr**

Obv. obliterated

Rev. علی یدی عیسی ابن منصور

Æ

AL-MUSTANṢIR

874—878

Madīnat-al-Salām, year obliterated

Like 741 ; obv. margin nearly obliterated

Æ BM i, c. 148

* This may be the ʻIsā b. Manṣūr who was governor of Egypt in A.H. 216—217. See Tiesenhausen, *Monn. des Khalifes Or.*, no. 2646.

AGHLABIDS

OF AFRĪḲĪYA (TUNIS)

AGHLABIDS

A.H. 184—296 = 800—908 A.D.

A.H.		A.D.
184	Ibrāhīm I b. al-Aghlab	800
196	'Abdallāh I	811
201	Ziyādat-Allāh I	816
223	Abū-Aķāl al-Aghlab	837
226	Moḥammad I	840
242	Aḥmad	856
249	Ziyādat-Allāh II	863
250	Moḥammad II	864
261	Ibrāhīm II	874
289	'Abdallāh II	902
290 —296	Ziyādat-Allāh II . . .	903 —908

II. 'ABDALLAH I.

A.H. 196—201 = 811—816 A.D.

GOLD

YEAR 879

199 No mint

Obv. لا اله الا

الله وحده

لا شريك له

Margin Prophetic mission to كله

Rev. غلب

محـــمد

رســـول

الـــلــه

عبد الله

Margin بسم الله ضرب هذا ا[لدينر سنة تس]ع

وتسعين ومئة

N 1·24 BM Add. ii, 190ᶜ

III. ZIYĀDAT-ALLĀH I.

A.H. 201—223 = 816—837 A.D.

GOLD

YEAR

880

202

Like 879 : but beneath rev. زيادة الله instead of عبد الله

$\mathcal{N}$ 4·19 BM ii, 192

881, 882

204 Like 880

$\mathcal{N}$ 4·10 4·29 BM Add. ii, 192c

883

207

Like 880 : but beneath obv. مسرور ; (سبع pointed)

$\mathcal{N}$ 3·36 p. BM Add. ii, 193d

884

210 Like 883

$\mathcal{N}$ 3·81

885

220 Like 883

$\mathcal{N}$ 4·16

V. MOHAMMAD I.

A.H. 226—242 = 840—856 A.D.

GOLD

YEAR

886

226

Like 879 : but beneath obv. خلف* ; beneath rev. محمد

$\mathcal{N}$ 4·10 P ii, 843

887, 888

227 Like 886

$\mathcal{N}$ 4·19

889

232 Like 886 : omitting خلف

$\mathcal{N}$ 4·14

890

Year illegible

Like 886 : but beneath obv. حجـ instead of خلف

$\mathcal{N}$ 1·09

* Research has so far failed to identify this and similar names on the Aghlabid coinage, representing, no doubt, local governors.

VI. AḤMAD

A.H. 242—249 = 856—863 A.D.

GOLD

Year		
	891	
247	Like 879 : but beneath obv. يحيى ; and beneath rev. احمد	
	AV 4·25	P ii, 850
	892	
248	Like 891	
	AV 4·22	P ii, 851
	893	
249	Like 891	
	AV 4·20	BM Add. ii, 1968

VIII. MOHAMMAD II.

A.H. 250—261 = 864—874 A.D.

GOLD

Year		
	894	
251	Like 879 : but beneath rev. محمد	
	AV 4·21	
	895	
257	Like 894	
	AV 4·18	BM ii, 109

IX. IBRĀHĪM II.

A.H. 261—289 = 874—902 A.D.

GOLD

YEAR

896

261 Like 879 : but beneath obv. شكر ; beneath rev. ابرهيم

AV 4·20

897

265 Like 879 : but beneath obv. بلاعى ; beneath rev. ابرهيم

AV 4·22

898

267 Like 897 : but small size

¼ AV 1·0 clipped P ii, 862

899

277 Like 897 ; but nothing beneath obv.

AV 4·05 P ii, 870

900

288 Like 899

AV 4·10 BM ii, 205

901

2.x.x Like 899 : but small size

¼ AV 1·0 clipped and p.

SILVER

902

Al-'Abbāṣīya, year obliterated

Like 896 : but beneath obv., star

AR 1·3 P ii, 830

DYNASTIES OF EGYPT

AND SYRIA

TŪLŪNIDS

ṬŪLŪNIDS

A.H. 254—292 = 868—905 A.D.

A.H.		A.D.
254	Aḥmad b. Ṭūlūn	868
270	Khumārawayh b. Aḥmad	883
282	Abu-l-Asākir Jaysh b. Khumārawayh .	895
283	Hārūn b. Khumārawayh	896
—292		—905

I. AHMAD IBN ṬŪLŪN

A.H. 254—270=868—883 A.D.

GOLD

YEAR 903

266* Miṣr

لا الـه الا
الله وحــده
لا شريك له
المفوض الى الله

Margin 1 بسم الله ضرب هذا الدينر بمصر سنة
ست وستين ومائتين

2 لله الامر من قبل ومن بعد ويومئذ
يفرح المؤمنون بنصر الله

Rev. لله
مـــحـــمـــد
ر ســـــو ل
ا لـــــلــــه
المعتمد الى الله
احمد بن طولون

Margin محمد رسول الله ارسله الخ

AV 4·15 p. BM ii, 218

904

267 Miṣr

Like 903

AV 4·15 BM ii, 219

* The gold coins issued in Egypt between Aḥmad b. Ṭūlūn's appointment as governor in A.H. 254, and this coin of 266, do not bear his name, and are in no respect distinguished from the ordinary provincial issues of the Caliphate. (See above, nos. 616—618.)

Year	
	905
268	**Al-Rāfiḳa, بالرافقة**
	Like 903: but beneath Aḥmad's name, لؤلؤ*
	AV 3·82 p.
	906
269	**Miṣr**
	Like 903
	AV 4·24 ringed — BM ii, 220
	907
270	**Miṣr**
	Like 903
	AV 4·15 ringed — BM Add. ii, 220 b

* Lu·lu·, at first a slave, became Ibn-Tūlūn's chief general, who reduced Barḳa in A.H. 260-1, and was made governor of Northern Syria and Diyār Muḍar a few years later. In 269 Lu·lu· deserted Ibn-Tūlūn and joined al-Muwaffaḳ, the brother of the Caliph, in his campaigns against the Zanj; but was imprisoned in 273 and mulcted of 400,000 dīnārs. Set free in 282, he eventually returned to Egypt in the latter days of Hārūn, the grandson of his old master.

II. KHUMĀRAWAYH

A.H. 270—282 = 883—895 A.D.

GOLD

YEAR 908

271 **Miṣr**

Like 903: but خمارويه بن احمد beneath rev.

N 4·18

909

272 **Miṣr**

Like 908

N 4·13 p. BM Add. ii, 220ᵃ

910, 911

273* **Al-Rāfiḳa**

Like 908 (unit of date ثلثة)

N 3·55 p., badly engraved BM ii, 222
3·42

912, 913

274 **Miṣr**

Like 908

N 3·09 BM Add. ii, 222ᶜ
4·10 p.

914

276 **Ḥarrān,** بحران

Like 908

N 4·15

* Cp. the dīnār of al-Rāfiḳa, 274 (above, no. 610), struck by the 'Abbāsid Caliph, without the name of Khumārawayh, during the war then waging between Egypt and Mesopotamia.

YEAR 915

277 Miṣr

Like 908

Ꜷ 4·14, p. P iii, 29

916

278 Miṣr

Like 908

Ꜷ 4·12 BM Add ii, 224ᶜ

917

278 Al-Rāfiḳa

Like 908

Ꜷ 3·60

918

279 Miṣr

Like 908 : but no name beneath obv. ; and beneath rev.,

المعتضد بالله

خمارويه بن احمد

Ꜷ 1·02 p. P iii, 31

919

280 Miṣr

Like 918 : adding beneath obv. point, and beneath rev. ح

Ꜷ 4·10 BM Add. ii, 224ᵇ

920

281 Miṣr

Like 919

Ꜷ 4·10 BM Add. ii, 224ᵏ

921

281 Aleppo, بحلب

Like 918 : adding beneath rev. ط

Ꜷ 4·22

SILVER

Year 922

276 **Damascus,** بدمشق

Like 908

Æ 2·50 p.

923

Damascus, date obliterated

Like 908

Æ 2·83 cracked

III. JAYSH

A.H. 282—3 = 895—6 A.D.

GOLD

924

283 **Miṣr**

Like 903: but no name, only point, beneath obv.;

beneath rev. المعتضد بالله

جيش بن خمارويه

ح

N 3·18 BM ii, 226

IV. HĀRŪN

A.H. 283—92 = 896—905 A.D.

GOLD

YEAR 925

283 **Miṣr**

Like 903: but no name, only point, beneath obv.;

beneath rev. المعتضد بالله

هرون بن خمارويه

ح

AV 3·83

926

284 **Miṣr**

Like 925: no point on obv.

AV 4·09 BM ii, 227

927

285 **Miṣr**

Like 926

AV 3·76 p. P iii, 40

928

287 **Miṣr**

Like 926

AV 4·10

929

287 **Miṣr**

Like 926: adding ب beneath obv. and rev.

AV 4·12 P iii, 42

YEAR

930

288 Miṣr

Like 929

AV 3·98 BM ii, 229

931, 932

289 Miṣr

Like 929 ; but caliph's name المكتفى بالله

AV 4·12 P iii. 44
4·25 ringed

933

290 Filasṭīn, بفلسطين (Palestine, i.e. Al-Ramla)

Like 931 : omitting the two ب

AV 3·44

934

290 Miṣr

Like 931, with ب

AV 3·85 BM Add. ii, 229e

935

291* Miṣr

Like 931 : but no ب ; beneath obv., ٤

AV 4·20 BM ii, 230

* On the 1st of Rabīʿ I, 292 (905), the ʿAbbāsid general Moḥammad b. Sulaymān entered al-Ḳaṭāiʿ and reannexed Egypt to the Baghdād Caliphate. From 292 to 329 the provincial coinage of Egypt and Syria is classed under the ʿAbbāsids : see above, nos. 630—2, 641—4, 648, 654—669, 693—706, 725. Then al-Ikhshīd asserted his independence, and founded his dynasty.

IKHSHĪDIDS

A.H. 323—358=934—969 A.D.

A.H.		A.D.
323	Moḥammad al-Ikhshīd b. Ṭughj .	934
334	Abu-l-Ḳāsim b. al-Ikhshīd . . .	946
349	'Alī b. al-Ikhshīd	960
355	Kāfūr	966
357	Abu-l-Fawāris Aḥmad b. 'Alī .	968
—358		—969

I. MOḤAMMAD AL-IKHSHĪD

A.H. 323—334 = 934—946 A.D.

GOLD

YEAR 936

331 **Miṣr**

Like 903: but

beneath obv. ابو منصور بن
امير المؤمنين
و

and beneath rev. المتقى لله
الاخشيد
ص

AV 4·25

937

332 **Filasṭīn**

Like 936: omitting و and ص beneath obv. and rev.

AV 3·78 BM Add. ii. 230

II. ABŪ-L-ḲĀSIM

A.H. 334—349 = 946—960 A.D.

GOLD

YEAR 938

[3¾]6 **Filas[ṭīn]**

Like 936 : but beneath obv.,

ابو القاسم بن
الاخـشـيـد
ص

and beneath rev. صلى الله عليه
المطيع لله

AV 3·60

939, 940

337 **Filasṭīn**

Like 938 : ornament beneath caliph's name

AV 3·61 BM ii, 233
3·36

941

341 **Filasṭīn**

Like 938 : omitting ص

AV 3·35

942

3 *x x* **Filasṭīn**

Like 938 : unit and decade of date obliterated

AV 3·68

III. 'ALĪ

A.H. 349—355 = 960—966 A.D.

GOLD

YEAR 943

350 **Palestine (Filasṭīn)**

Like 938 : but beneath obv.,

على بن الاخشيد

ك

beneath rev. صلى الله عليه

وعلى اله

المطيع لله

N 4·15 P iii, 57

944

351 **Miṣr** Like 943

N 4·17

945, 946

351 **Palestine** Like 943

N 2·82 ; 3·82 P iii, 58

947

353 **Palestine** Like 943

N 4·03 p. BM ii. 237

[IV. KĀFŪR]*

A.H. 355—357 = 966—968 A.D.

GOLD

YEAR 948

355 **Miṣr**

Like 943 : but no name beneath obv., only ك

AV 4·18

949

355 **Palestine**

Like 918

AV 3·60 BM ii, 239

* Kāfūr, the eunuch wazīr, who for two years exercised sovereign powers, did not place his name on the coinage; but there can be no doubt as to the attribution.

FĀṬIMIDS

A.H. 297—567 = 909—1171 A.D.

A.H.		A.D.
297	Al-Mahdī Abū-Moḥammad ʻObayd-Allah	909
322	Al-Ḳā'im Abū-l-Ḳāsim Moḥammad . .	934
334	Al-Manṣūr Abū-Ṭāhir Ismāʻīl . . .	945
341	Al-Muʻizz Abū-Tamīm Maʻadd . . .	952
365	Al-ʻAzīz Abū-Manṣūr Nizār . . .	975
386	Al-Ḥākim Abu-ʻAlī Al-Manṣūr . . .	996
411	A*l*-Ẓāhir Abū-l-Ḥasan ʻAlī . . .	1020
427	Al-Mustanṣir Abū-Tamīm Maʻadd .	1035
487	Al-Mustaʻlī Abū-l-Ḳāsim Aḥmad . .	1094
495	Al-Āmir Abū-ʻAlī Al-Manṣūr . .	1101
526	Al-Ḥāfiẓ Abū-l-Maymūn ʻAbd-al-Majīd . .	1132
544	A*l*-Ẓāfir Abū-l-Manṣūr Ismāʻīl . . .	1149
549	Al-Fā'iz Abū-l-Ḳāsim ʻĪsā . . .	1154
555 —567	Al-ʻĀḍid Abū-Moḥammad ʻAbd-Allah .	1160 —1171

I. AL-MAHDĪ

A.H. 297—322 = 909—934 A.D.

GOLD

YEAR

950

$29\frac{7}{9}$ **No mint**

Obv.

لا اله الا
الله وحده
لا شريك له

Margin obscure

Rev.

لله
محمد
رسول
الله
المهدى

Margin بسم الله ضرب هذا الدينر سنة تسع
وتسعين ومئتين

AV 1·00

951, 952

305 **Al-Ḳayrawān**

Obv.

عبد الله
لا اله الا
الله وحده
لا شريك له
امير المؤمنين

Margin محمد رسول الله ارسله بالهدى ودين
الحق ليظهره على الدين كله

YEAR

Rev.

الامام
محـــــمد
رســـــول
الـــلـــه
المهدى بالله

Margin بسم الله ضرب هذا الدينر بالقيرون سنة
خمس وثلث مائة

AV 4·00 p. BM Add. iv, 3[1]

953

306 Al-Ḳayrawān

Like 951

AV 4·10 p. P iii, 66

11. AL-ḲĀ'IM

A.H. 322—334 = 934—945 A.D.

GOLD

954

Mint and date obliterated

Obv. محمد

ابــو القــســم

لا الـه الا الـلــه

وحده لا شريك له

المهدى بالله

Margin, traces of محمد رسول الله ارسله الخ

Rev. الامام

القائم بالله

محـــمـــد

رســول الـلـه

امير المؤمنين

Margin, date obliterated

$\frac{1}{2}$ A' 1·00 BM iv, 21

III. AL-MANṢŪR

A.H. 334—341 = 945—952 A.D.

GOLD

YEAR 955

341 **Al-Mahdīya**

Obv. لا اله الا الله
وحده لا شريك له
محمد رسول الله

Margin محمد رسول الله ارسله الخ

Rev. عبد الله
اسمعيل الامام
المنصور بالله
امير المؤمنين

Margin بسم الله ضرب هذا الدينر بالمهدية سنة
احدى واربعين وثلث مائة .

¼ AV 1·00 P iii, 92

IV. AL-MU'IZZ

A.H. 341—365 = 952—975 A.D.

GOLD

YEAR 956

341* **Miṣr**

Obv., in three circles :†

1 محمد رسول الله ارسله الخ

2 وعلى افضل الوصيين ووزير خير المرسلين

3 لا اله الا الله محمد رسول الله

Rev. 1 بسم الله ضرب هذا الدينر بمصر سنة احدى واربعين وثلث مائة

2 دعا الامام معد لتوحيد الاله الصمد

3 المعز لدين الله امير المؤمنين

AV 4·40

957

342 **Al-Manṣūrīya**‡

Obv., in three circles :

1 محمد رسول الله ارسله الخ

2 وعلى بن ابى طالب وصى الرسول ونافق الفضول . . . .

3 لا اله الا الله وحده لا شريك له محمد رسول الله

In centre لله العظمة

* The mint and date are perfectly clear ; yet Miṣr (which stands both for Egypt and for its capital, then al-Fusṭāṭ) was not conquered by al-Mu'izz until 358 A.H.

† Numbered from the outside inwards.

‡ A duplicate of this remarkable coin is preserved in the Hermitage at St. Petersburg. Baron von Tiesenhausen reads the second obv. margin, وعلى بن ابى طالب وصى الرسول ولايق(؟) الفضول وزوج الزهرا البتول ; and the second rev. margin, ملك ووزير المرسلين سيد محمد سنّة (or مجهز or مخبر) مختبر الايمة المهديين.—Al-Manṣūrīya was founded by al-Manṣūr near al-Ḳayrawān in 337 A.H., and fell into ruin in 412.

YEAR

Rev., in three circles:

1 بسم الله الملك الحق المبين ضرب هذا الدينر بالمنصورية سنة اثنتين واربعين وثلث مائة

2 مختزن سنة محمد سيد المرسلين ونائب مجد الايمة المهديين

3 عبد الله معد ابو تميم الامام المعز لدين الله امير المؤمنين

In centre العظمة له

AV 3·85

958

344 Al-Manṣūrīya

Like 956

AV 3·85

959

34x Al-Mahdīya

Obv., in two circles:

1 بسم الله ضرب هذا الدينر بالمهدية سنة . . . . واربعين وثلث مائة

2 لا اله الا الله محمد رسول الله وعلى افضل الوصيين

Rev., in two circles:

1 دعا الامام معد لتوحيد الاله الصمد

2 المعز لدين الله امير المؤمنين

¼ AV 1·00

960

351 Al-Manṣūrīya

Like 956

AV 4·02 P iii, 108

YEAR		
		961
352	Al-Manṣūrīya	
		Like 956
	AV 4·00	

962, 963

352 **No mint**

Obv.

معد
لا اله الا
الله وحده
لا شريك له
امير المؤمنين

Margin محمد رسول الله ارسله الخ

Rev.

الامام
محمد
رسول
الله
المعز لدين
الله

Margin بسم الله ضرب هذا الدينر سنة اثنتين
وخمسين وثلثمائة

(Date obliterated on 963)

AV 4·03; one p. BM Add. iv, 28a

964

353 **Al-Mahdīya**

Like 956

AV 4·02

965

353 **Al-Manṣūrīya**

Like 956

AV 4·01* P iii, 110

* The weights of the Fāṭimid coins are so uniform that henceforward only occasional and exceptional weights will be recorded.

YEAR

966—968

358* **Miṣr**

Like 956

$\mathcal{N}$ 4·20 BM iv, 29

969

359 (Sha'bān) **Miṣr**

Like 956: but month inserted in date (فى شعبان سنة تسع الخ)

$\mathcal{N}$ BM Add. iv, 30ª

970

359 (Ramaḍān) **Miṣr**

Like 956: but فى رمضان

$\mathcal{N}$

971, 972

360 **Al-Mahdīya**

Like 959

¼ $\mathcal{N}$ 1·00 BM iv, 33

973, 974

360 **Al-Manṣūrīya**

Like 956

$\mathcal{N}$ BM iv, 32

975

360 (Al-Moḥarram) **Miṣr**

Like 956: but month inserted, and ا in الدينار (ضرب هذا الدينار بمصر فى المحرم سنة الخ)

$\mathcal{N}$ p.

* The year of the conquest of Egypt and foundation of al-Ḳāhira (Cairo) by the Fāṭimids.

YEAR

976

361 Al-Manṣūrīya

Like 956

AV P iii, 114

977

361 Miṣr

Like 956

AV

978, 979

361 (Jumādā I) Miṣr

Like 956: but month, فى جمادى الاول

AV BM iv, 31

980

361 No mint

Like 962 (احد)

AV

981

362 Al-Manṣūrīya

Like 956

AV P iii, 116

982, 983

362 (Jumādā II) Miṣr

Like 956: but month فى جمادى الاخر

AV BM iv, 37

984

363 Al-Mahdīya

Like 959

¼ AV 1·00

985

363 Al-Manṣūrīya

Like 959

¼ AV

YEAR

986, 987

363 **Miṣr**

Like 956

AV BM iv, 38

988

364 **Al-Mahdīya**

Like 956

AV

989

364 **Miṣr**

Like 956

AV BM iv, 39

990

365 **Al-Mahdīya**

Like 956

AV BM iv. 41

991—994

365 **Miṣr**

Like 956

AV BM iv, 43

995

365 **Al-Manṣūrīya**

Like 956

AV P iii, 118

996

365 **Tripoli * (Aṭrābulus)**

Like 959

¼ *AV* 1·0

997

No mint or date visible

Like 959

¼ *AV*

* Tripoli in Syria, also spelt Ṭarābulus; not the African Tripoli, Ṭarābulus al-Gharb.

V. AL-'AZĪZ

A.H. 365—386 = 975—996 A.D.

GOLD

Year | 998—1000

366 **Miṣr**

Obv., in two circles:

1 محمد رسول الله ارسله الخ

2 لا اله الا الله محمد رسول الله على خير صفوة الله

Rev., in two circles:

1 بسم الله ضرب هذا الدينر بمصر سنة ست وستين وثلث مائة

2 عبد الله ووليه نزار الامام العزيز بالله امير المؤمنين

AV 4·1; one p. BM iv, 60

1001—1003

367 **Miṣr**

Like 998

AV, one p. BM iv, 63

1004

367 **Al-Manṣūrīya**

Like 998

1005

368 **Miṣr**

Like 998

AV p BM Add. iv, 63d

YEAR 1006

369 **Misr**

Like 998

AV

1007

369 **Palestine (Filasṭīn)**

Like 998

AV p. BM iv, 54

1008

369 **Sicily (Ṣiḳilīya)***

Obv., in two circles:

1 ضرب هذا الدينر بصقلية سنة تسع وستين وثلثمائة

2 لا اله الا الله محمد رسول الله على خير صفوة (*sic*)

Rev., in two circles:

1 [دعا] الامام نزار اتوحيد [الاله الغفار]

2 العزيز بالله امير المؤمنين

¼ AV ·95

1009

369 or **367** **Al-Manṣūrīya**

Like 998, unit obscure

AV

1010

370 **Miṣr**

Like 998

AV BM Add. iv, 54F

* *I.e.* the capital, Palermo (Balarm).

Year

1011

371 **Miṣr**

Like 998

AV BM iv, 56

1012

3[7]1 **Al-Manṣūrīya**

Like 998 (decade of date سبعين by error)

AV

1013

372 **Miṣr**

Like 998 (unit اثنن *sic*)

AV BM iv, 58

1014, 1015

373 **Miṣr**

Like 998

AV, one p. BM iv 59

1016

374 **Miṣr**

Like 998

AV

1017

374 **Al-Mahdīya**

Like 998

AV

1018, 1019

375 **Miṣr**

Like 998

AV P iii, 147

YEAR 1020

376 **Miṣr**

Like 998

N 4·0

1021

377 **Miṣr**

Like 998

N

1022

377 **Sicily**

Like 1008 : omitting على خير صفوة

¼ *N* 1·0 BM iv, 61

1023

378 **Al-Mahdīya**

Like 998

N P iii, 153

1024

379 **Miṣr**

Like 998

N P iii, 158

1025

380 **Miṣr**

Like 998

N

1026

380 **No mint**

Obv. In centre د

Margin العزيز بالله امير المؤمنين

Rev. In centre عز

Margin بسم الله ضرب سنة ثمنين وثلث مائة

¼ *N* 1·05

Year			
		1027	
381	Miṣr		
		Like 998	
	AV		P iii, 149
		1028, 1029	
381	Al-Manṣūrīya		
		Like 998	
	AV		
		1030	
383	Miṣr		
		Like 998	
	AV		
		1031	
384	Miṣr		
		Like 998	
	AV		
		1032	
385	Miṣr		
		Like 998	
	AV p.		
		1033—1035	
		Mint and date obliterated	
	¼ AV		

VI. AL-ḤĀKIM

A.H. 386—411 = 996—1020 A.D.

GOLD

YEAR 1036

388 **Miṣr**

Obv. Margin 1 محمد رسول الله ارسله الخ

2 لا اله الا الله وحده لا شريك له

Centre محمد رسول الله
على ولى الله

Rev. Margin 1 بسم الله ضرب هذا الدينر بمصر سنة ثمان
وثمانين وثلثمائة

2 عبد الله ووليه المنصور ابو على الامام

Centre الحاكم بامر الله
امير المؤمنين

AV p. P iii, 174

1037

388 **Al-Mahdīya**

Obv., in two circles :

1 محمد رسول الله ارسله الخ (to كله)

2 لا اله الا الله محمد رسول الله على ولى الله

Rev., in two circles :

1 بسم الله ضرب هذا الدينر بالمهدية سنة ثمان
وثمانين وثلثمائة

2 الامام الحاكم بامر الله امير المؤمنين

¼ AV 1·0

YEAR

1038

389 **Miṣr**

Like 1036

AV p. P iii, 176

1039

390 **Miṣr**

Like 1036

AV 4·0 P iii, 177

1040

390 **[Al-Mahdī]ya**

Like 1037

¼ *AV* 1·0

1041

392 **Miṣr**

Like 1036

AV

1042

393 **Miṣr**

Like 1036

AV BM iv, 75

1043

395 **Miṣr**

Like 1036

AV P iii, 181

1044

395 **Damascus (Dimashḳ)**

Like 1036

AV

1045

399 **Palestine (Filasṭīn)**

Like 1036

AV

1046

400 **Miṣr**

Like 1036

AV BM iv, 83

YEAR 1047

403 Miṣr

Obv. علی

لا اله الا الله وحده لا

شريك له محمد رسول الله

ولی الله

Margin محمد رسول الله ارسله الخ

Rev. عبد الله

ووليه المنصور ابو علی

الامام الحاكم بامر الله

امير المؤمنين

Margin بسم الله ضرب هذا الدينر بمصر سنة

ثلث واربع مائة

AV p. BM iv, 85

1048

404 Miṣr

Like 1047 : but

Rev. عبد الله ووليه

الامام الحاكم بامر الله امير

المؤمنين وعبد الرحيم

ولی عهد المسلمين

AV 4·05 P iii, 186

1049

408 Miṣr

As 1048 : but obv. arranged differently :

لا اله الا الله

وحده لا شريك له

محمد رسول الله

علی ولی الله

AV

YEAR 1050

409 Miṣr

Like 1049

AV BM iv, 93

1051

410 Al-Manṣūrīya

Obv. لا اله الا الله

محمد رسول الله

على ولى الله

Margin محمد رسول الله ارسله الخ

Rev. المنصور

ابو على الامام

امير المؤمنين

Margin, mint and date

¼ AV

1052

411 Miṣr

Like 1049

AV BM iv, 96

1053

411 Al-Mahdīya

Like 1049

AV BM iv, 98

1054

Same as preceding: but date obliterated, and above rev. عز, beneath م

AV

YEAR 1055

411 **Al-Mahdīya**

Like 1049: but

Rev. عبد الله الا
مام الحاكم بامر الله
امير المؤمنين

¼ AV 1·0

1056

412 **Al-Manṣūrīya**

Like 1049: above rev. ع

AV

1057

412 **Al-Mahdīya**

Like 1051: but

Rev. عز
الامام المنصور
الحاكم بامر الله
امير المؤمنين
م

¼ AV 1·0

1058

Mint and date obliterated. Inscr. as BM iv, 97

¼ AV

1059

Sicily Date obliterated. Inscr. as BM iv, 83

¼ AV

1060, 1061

Sicily No date. Like 1049: but

Rev. الامام المنصور
ابو على الحاكم بامر
الله امير المؤمنين
ضرب بصقلية

No margin on either side

¼ AV BM Add iv, 81k

YEAR 1062—1064

Mint and date obliterated. Like 1051

¼ AV

1065

Al-Mahdīya Year obliterated. Like 1051, adding on rev. الحاكم بامر الله

¼ AV

1066

Similar to preceding: but margins cut off

¼ AV

1067

Mint and date obliterated. Similar to 1036, varied

¼ AV

1068—1070

Mint and date obliterated. Similar to 1065

AV

SILVER

1071

406 **Miṣr**

Like 1047

AR 1·1

1072

Mint and date obliterated. Like 1036: margins illegible

AR 1·3

VII. AL-ẒĀHIR

A.H. 411—427 = 1020—1035 A.D.

GOLD

YEAR 1073

412 · **Miṣr**

Obv., in two circles:

1 محمد رسول الله ارسله الخ

2 لا اله الا الله وحده لا شريك له

In centre محمد رسول الله

علي ولي الله

Rev., in two circles:

1 بسم الله ضرب هذا الدينر بمصر سنة اثنتى عشرة واربعمائة

2 عبد الله ووليه علي ابو الحسن الامام

In centre الظاهر لاعزاز دين

الله امير المؤمنين

N 4·2 BM iv, 107

1074

414 **Miṣr** Like 1073 (اربع عشر)

N

1075

416 **Miṣr** Like 1073

N p. P iii, 213

1076

Same as preceding, but *silver*, though styled الدينر

AR 3·87

Z

YEAR 1077

417 **Miṣr** Like 1073

AV BM iv, 112

1078, 1079

418 **Miṣr** Like 1073

AV (formerly ringed) BM iv, 113

1080

420 **Al-Mahdīya** Like 1073

AV

1081, 1082

420 Mint obliterated

¼ *AV* BM iv, 116

1083

421 **Sicily**

Obv. لا اله الا الله
محمد رسول الله
على ولى الله

Margin محمد رسول الله ارسله الخ

Rev. الظاهر
لاعزاز دين الله
امير المؤمنين

Margin بسم الله ضرب هذا الدينر بصقلية سنة احد
وعشرين واربع (*sic*)

¼ *AV* ·95 P iii, 222

YEAR

1084

422 **Sicily** Like 1083

(rev. margin ends وار *sic*)

¼ *N* ·95 BM iv, 118

1085

422 **Al-Mahdīya**

Like 1073

N

1086

423 **Miṣr**

Like 1073; but central inscription converted into an inmost third circular inscription on each side; and in centre of each side عدل

N p.

1087

423 **Miṣr** Like 1083:

بمصر سنة ثلث وعشرين واربع (*sic*)

¼ *N*

1088

423 **Tyre** (.ūr)

Like 1086, three circles: in centre of each side ص

N

1089

423 Mint obliterated.

Like 1083

¼ *N*

1090

424 Mint obliterated.

Like 1083

¼ *N*

1091

425 **Sicily** Like 1083

¼ *N* p. P iii, 232

YEAR 1092

426 **Miṣr**

Obv. لا اله الا الله
وحده لا شريك له
محمد رسول الله
علی ولی الله

Margin * بسم الله الرحمن الرحيم ضرب هذا الدينار
بمصر سنة ست وعشرين واربعمائة

Rev. الامام علی
ابو الحسن الظاهر
لاعزاز دين الله
امير المؤمنين

Margin محمد رسول الله ارسله الخ

AV BM Add. iv, 121d

1093

427 **Miṣr** Like 1092

AV

1094

427 **Al-Manṣūriya**

Like 1073 : but above rev. ر, beneath ه

AV

1095

428 † **Al-Manṣūriya**

Like 1073 : but above rev. ر, beneath ه

AV

* The first occurrence in this series of the formula associated chiefly with the Shī'a.

† Al-Ẓāhir died in Sha'bān, 427 ; this coin is therefore posthumous by at least four months.

YEAR 1096, 1097

42.x **Al-Manṣūrīya**

Like 1083

¼ AV

1098

Mint and date obliterated. Like 1073: beneath ob

AV

1099

Mint and date obliterated. Like 1073: point above and beneath each side

¼ AV ·8

1100

Sicily

Date obliterated. Like 1083

¼ AV ·95

VIII. AL-MUSTANṢIR

A.H. 427—487 = 1035—1094 A.D.

GOLD

YEAR	
	1101

428 **Palestine (Filasṭīn)**

Obv. لا الـه الا الـلـه
وحده لا شريك له
محمد رسول الله
على ولى الـلـه

Margin بسم الله الرحمن الرحيم ضرب هذا الدينر بفلسطين سنة ثمان وعشرين واربعمائة

Rev. الامام
معد ابو تميم
المستنصر بالله
امير المؤمنين

Margin محمد رسول الله ارسله الخ

A' 4·1

1102

429 **Miṣr** Like 1101

A' 4·2

1103

430 **Miṣr**

Obv. Area like 1101

Margin محمد رسول الله ارسله الخ

Rev. الامام معد ابو
تميم المستنصر
بالله امير المؤمنين

Margin, mint and date

A' BM iv, 127

YEAR 1104

431 **Miṣr** Like 1103

N p. BM iv, 128

1105

432 **Miṣr** Like 1103

N p. P iii, 353

1106

433 **Miṣr** Like 1103

N

1107

435 **Miṣr** Like 1103

N

1108—1110

435 **Miṣr**

Obv. على

لا اله الا الله

وحده لا شريك له

محمد رسول الله

ولى الله

Margin محمد رسول الله ارسله الخ

Rev. معد

الامام ابو

تميم المستنصر

بالله امير المؤمنين

Margin, mint and date

N 2 p. BM iv, 132

YEAR

1111

435 Tripoli (Ṭarābulus)

Like 1103

AV

1112

436 Tripoli

Like 1108

AV

1113

436 Miṣr Like 1108

AV BM iv, 134

1114

436 Tiberias (Ṭabarīya)

Like 1108

AV BM iv, 135

1115, 1116

437 Miṣr Like 1108

AV one p. BM Add. iv, 135[b]

1117, 1118

437 Damascus (Dimashḳ)

Like 1108

AV P iii, 270

1119, 1120

438 Miṣr Like 1108

AV p. BM iv, 137

YEAR

1121

438 **Tripoli**

Like 1108

AV BM Add. iv, 139a

1122

438 **Palestine**

Like 1108

AV

1123, 1124

439 **Miṣr** Like 1108, but

Rev.

معد
عبد الله ووليه
الامام ابو تميم
المستنصر بالله
امير المؤمنين

AV, one p. BM iv, 140

1125

439 **Tyre (Ṣūr)** Like 1123

AV

1126

439 **Tripoli** Like 1123

AV p. BM Add. iv, 140c

1127

43*x* **Damascus**

Like 1108: unit of date obscure.

AV

1128

440 **Miṣr** Like 1108

YEAR 1129, 1130

441 **Miṣr**

Obv., in three circles,*

1 محمد رسول الله ارسله الخ

2 وعلى افضل الوصيين ووزير خير المرسلين

3 لا اله الا الله محمد رسول الله

Rev., in three circles,

1 بسم الله ضرب هذا الدينر بمصر سنة احدى واربعين واربعمائة

2 دعا الامام معد لتوحيد الاله الصمد

3 المستنصر بالله امير المؤمنين

A', one p. BM iv, 144

1131

442 **Miṣr** Like 1129

A' P iii, 302

1132

442 **Tyre** Like 1129

A' BM iv, 145

1133

442 **Tripoli** Like 1129

A'

1134

443 **Miṣr** Like 1129

A' BM iv, 147

1135, 1136

443 **Tripoli** Like 1129

A'

* This is a reversion to the first type of al-Mu'izz (no. 956), and the inscriptions are identical, except the name al-Mustanṣir bi-llāh, and the mint and date.

YEAR 1137

443 Tyre Like 1129

AV P iii, 331

1138

444 Miṣr Like 1129

AV BM iv, 148

1139, 1140

444 Tripoli Like 1129

AV chipped BM Add. iv, 149[a]

1141

444 Palestine Like 1129

AV

1142

444 Aleppo (Ḥalab)

Like 1129

AV twice p. P iii, 269

1143, 1144

445 Miṣr Like 1129

AV BM iv, 150

1145

446 Miṣr Like 1129

AV BM iv, 151

1146

446 Aleppo Like 1129

AV 1·1

1147

446 Tyre Like 1129

AV 3·3

1148

446 [Sicily]

Like BM iv, 153, but rev. doublestruck, so that inscriptions are repeated and confused, and mint obliterated.

¼ AV 1·0

YEAR

1149—1151

447 **Misr** Like 1129

AV BM iv, 154

1152

447 **Damascus** Like 1129

AV 3·0

1153

447 **Palestine** Like 1129

AV 4·1

1154

448 **Miṣr** Like 1129

AV P iii, 368

1155

449 **Tripoli** Like 1129

AV p. BM iv, 159

1156

450 **Miṣr** Like 1129

AV

1157

451 **Miṣr** Like 1129

AV p. P iii, 369

1158

452 **Miṣr** Like 1129

AV P iii, 370

1159

452 **Tyre** Like 1129 (ثنتين)

AV BM iv, 160

1160, 1160[a]

453 **Miṣr** Like 1129

AV, one p. BM iv, 162

1161, 1162

454 **Miṣr** Like 1129

AV, one p. BM Add. iv, 164[1]

YEAR 1163

455 **Miṣr** Like 1129

AV BM iv, 165

1164

456 **Tyre** Like 1129

AV p.

1165

457 **Miṣr** Like 1129

AV p.

1166

459 **Miṣr** Like 1129

AV

1167

460 **Miṣr** Like 1129

AV BM iv, 169

1168

461 **Miṣr** Like 1129

AV p. P iii, 371

1169

465 **Alexandria (Al-Iskandarīya)**

Like 1129

AV BM iv, 174

1170

465 **Tripoli** Like 1129

AV BM iv, 175

1171

470 **Miṣr** Like 1129

AV BM Add. iv, 177f

1172

470 **Alexandria** Like 1129

AV

YEAR

1173

471 **Tripoli** Like 1123

AV BM Add. iv, 177k

1174

472 **Alexandria** Like 1129

AV

1175, 1176

473 **Alexandria** Like 1129

AV BM Add. iv, 177p

1177

473 **Miṣr** Like 1129

AV

1178

474 **Acre** ('Akkā عكّا)

Like 1123

AV 3·75

1179

474 **Alexandria**

Like 1123 : beneath rev. عال

AV BM iv, 178

1180

475 **Alexandria** Like 1179

AV p. BM iv, 179

1181

476? **Alexandria**

Like 1179 : unit obscure

AV

1182, 1183

478 **Alexandria** Like 1179

AV p. P iii, 262

YEAR

1184

479 **Alexandria** Like 1179

AV 3·65

1185

480 **Alexandria** Like 1179

AV BM iv, 181

1186

482 **Alexandria** Like 1179

AV P iii, 263

1187

483 **Alexandria** Like 1179

AV

1188, 1189

484 ? **Acre**

Like 1179 (بعكا ; unit obscure)

AV p.

1190

485 **Miṣr** Like 1179

AV p.

1191

486 **Miṣr** Like 1179

AV BM iv, 185

1192

486 **Alexandria** Like 1179

AV p

1193

Palestine

Date obliterated. Like 1108

¼ AV

1194

Mint and date obliterated. Like 1108

¼ AV

1195

Mint obliterated, year 48.*c*.

Obv. لا اله الا الله
محمد رسول اللة
علی ولی الله

Margin محمد رسول الله ارسله آلخ

Rev. الامام معد
المستنصر بالله
امير المؤمنين

Margin بسم الله . . . . ثمانين وارب (*sic*)

¼ AV Cp. BM iv, 183

1196

Mint and date obscure. Like 1195

¼ AV

1197

Mint and date obliterated. Like 1101 : but

Rev. الامام ابو
تميم معد
المستنصر بالله
امير المؤمنين

Margins obliterated.

¼ AV

1198

Sicily, date obliterated.

Crossed inscr. like BM iv, 186.

¼ AV

YEAR 1199

[4]x5 **Sicily**

Obv. الله

لا الـه الا الـلـه

محمد رسول الله

على ولى

Margin محمد رسول الله ارسله to كله

Rev. بالله

الامام معد ابو

تميم المستنصر

امير المؤمنين

Margin .... هذا الدينر بصقلية سنة خمس و....

¼ AV

SILVER

1200

432 ? **Al-Manṣūrīya**

Like 1129: but الدرهم

AR 1·3

1201

459 **Palestine**

Like 1200

AR 2·85

Small size.

1202

Mint and date obliterated. Like 1200

AR clipped

1203—1207

Mint and date obliterated. Like BM Add. iv, 193ᶠ, but all much worn and clipped and obscure.

AR

IX. AL-MUSTAʿLĪ

A.H. 487—495 = 1094—1101 A.D.

GOLD

YEAR 1208

488 ? Mint obliterated

Obv. لا اله الا الله
محمد رسول الله
على ولى الله

Margin محمد رسول الله الخ

Rev. الامام احمد
المستعلى بالله
امير المؤمنين

Margin, mint obliterated, unit of date obscure

¼ AV, chipped BM iv, 195

1209

492 **Miṣr**

Obv., Centre •
عال
غاية

Margin 1 لا اله الا الله محمد رسول الله على
ولى الله

2 محمد رسول الله ارسله الخ

Rev., Centre الامام
احمد

Margin 1 ابو القاسم المستعلى بالله امير المؤمنين

2 بسم الله الرحمن الرحيم ضرب هذا الدينر
بمصر سنة اثنين وتسعين واربعمائة

AV p.

YEAR		1210
493	Miṣr *N* 4·05	Like 1209

		1211
494	Miṣr *N* 4·3	Like 1209

X. AL-ĀMIR

A.H. 495—524 = 1101—1130 A.D.

GOLD

YEAR

1212

496 Tyre Obv. like 1209

Rev., Centre الامام

المنصور

Margin 1 ابو على الآمر بأحكام الله امير المؤمنين

2 بسم الله الرحمن الرحيم ضرب هذا الدينر

بصور سنة ست وتسعين واربعمائة

AV 4·1

1213

497 Misr Like 1212

AV 4·2

1214

500 Misr

Like 1212 : but

styled الدرهم in error for الدينر, although of gold

AV 4 2

1215

501 Misr Like 1212

AV BM iv, 201

1216

502 Misr Like 1212

AV P iii, 420

1217

502 Tyre Like 1212

AV p.

YEAR

1218

503 **Ascalon** (**'Asḳalān** **بعسقلان**)

Like 1212

N BM iv, 203

1219

504 **Miṣr** Like 1212

N BM iv, 204

1220

504 **Alexandria** Like 1212

N p. P iii, 412

1221, 1222

505 **Miṣr** Like 1212

N BM iv, 205

1223

505 **Alexandria** Like 1212

N p.

1224, 1225

506 **Miṣr** Like 1212

N BM iv, 206

1226

506 **Alexandria** Like 1212

N

1227

506 **Ascalon** Like 1212

N

1228

507 **Miṣr** Like 1212

N BM Add. iv, 206^r

YEAR 1229, 1230

507 **Alexandria** Like 1212

N

1231, 1232

508 **Miṣr** Like 1212

N BM iv, 207

1233

508 **Alexandria**

Like 1212 : but

Rev. Margin 2 begins بسم الله ضرب هذا * الساعر

+ N 1·0

1234—1236

509 **Miṣr** Like 1212

N p.

1237

509 **Alexandria** Like 1212

N P iii, 413

1238

509 **Alexandria**

Like 1233 (الساعر)

+ N ·7

1239

509 **Tyre** Like 1212

N

1240

510 **Miṣr** Like 1212

N p. BM iv, 208

1241

510 **Alexandria**

Like 1212

N BM Add. iv, 208d

* This word, which occurs also on no. 1238, seems indecipherable. It may *possibly* be read رباعة", which Dozy explains as the *fourth part* of the property of a conquered people, and which may have acquired a more general meaning.

YEAR

1242

511 **Miṣr** Like 1212

𝒩 p. BM iv, 209

1243

511 **Alexandria**

Like 1212

𝒩 p. BM iv, 210

1244

512 **Miṣr**

Like 1212 (اثنى)

𝒩

1245

512 **Alexandria**

Like 1212

𝒩 BM iv, 211

1246

513 **Miṣr** Like 1212

𝒩 P iii, 426

1247

513 **Alexandria**

Like 1212

𝒩

1248

514 **Miṣr** Like 1212

𝒩 p. BM iv, 213

1249

514 **Alexandria**

Like 1212

𝒩

1250

514 **Tyre** Like 1212

𝒩

YEAR 1251

515 Miṣr Like 1212

AV P iii, 429

1252

515 Tyre Like 1212

AV BM iv, 216

1253—1255

516 Miṣr Like 1212

AV p. BM iv, 217

1256

516 Tyre Like 1212

AV

1257

517 Miṣr Like 1212

AV BM iv, 221

1258

518 Cairo (Al-Mu'izzīya al-Ḳāhira بالمعزية القاهرة)

Like 1212

AV 4·2

1259

519 Miṣr Like 1212

AV BM iv, 223

1260

520 Cairo (Al-Mu'izzīya al-Ḳāhira)

Like 1212

AV

1261

521 Cairo (Al-Mu'izzīya al-Ḳāhira)

Like 1212

AV

YEAR

1262

523 **Miṣr** Like 1212

¼ AV 1·3

1263

524 **Miṣr** Like 1212

AV

1264

524 **Alexandria**

Like 1212

AV

1265—1267

Mint and date obliterated. Like 1212 : margins obscure

¼ AV ·8, ·6, ·7; one p.

AL-MUNTAẒAR*

[Abū-'Alī al-Afḍal, Wazīr, a.h. 524—6 = 1030—2.]

GOLD

Year		1268
525	Alexandria	

Obv. like 1209

Rev., Centre الامام
محمد

Margin 1 ابو القاسم المنتظر †بأمر الله امير المؤمنين

2 بسم الله الرحمن الرحيم ضرب هذا الدينر بالاسكندرية سنة خمس وعشرين وخمسمائة

N ·5

* On the historical events which accompanied the issue, by the wazīr al-Afḍal, of coins bearing the name of the 'Expected Imām,' al-Muntaẓar, of the Imāmī sect, see De Sacy in *Mém. de l'Acad. des in cr. et belles-lettres*, ix, 284-316 (1831); Defrémery, *Mém. d'hist. orient.*, ii, 237-246; Sauvaire, in *Journ. R. Asiat. Soc.*, n.s., vii, 140-151.

† Other coins show the form المنتظر لامر الله; but here بامر is quite clear.

XI. AL-ḤĀFIẒ

A.H. 526—544=1132—1149 A.D.

GOLD

YEAR 1269, 1270

526 **Alexandria**

Obv. like 1209

Rev., Centre عبد الله
ووليه

Margin 1 ابو الميمون عبد المجيد ولى عهد المسلمين

2 بسم الله الرحمن الرحيم ضرب هذا الدينر بالاسكندرية سنة ست وعشرين وخمسما (*sic*)

AV ·44

1271, 1272

528 **Miṣr**

Obv. like 1209

Rev., Centre الامام
عبد المجيد

Margin 1 ابو الميمون الحافظ لدين الله امير المؤمنين

2 بسم الله الرحمن الرحيم ضرب هذا الدينر بمصر سنة ثمان وعشرين وخمس مائة

AV, one p.

YEAR 1273

529 Miṣr

الامام
عبد المجيد ابو
الميمون الحافظ
الدين الله امير
المؤمنين

Margin بسم الله الرحمن الرحيم ضرب هذا الدينر
بمصر سنة تسع وعشرين وخمسمأة

Rev. ولده
الحسن ابو على
ولى عهد امير
المؤمنين
عال

Margin لا اله الا الله وحده لا شريك له محمد رسول
الله على ولى الله

N

1274

533 Miṣr Like 1271

N 3·9

1275

536 Miṣr Like 1271

N p.

1276

541 Miṣr Like 1271

N

1277

543 Alexandria Like 1271

N

1278

544 Alexandria Like 1271

N BM iv, 235

XII. AL-ẒĀFIR

A.H. 544—549=1149—1154 A.D.

GOLD

YEAR	1279

545 **Alexandria**

Obv. عال

لا الـه الا الـلـه

وحـده لا شـريـك

له محمد رسول الله

عـلـى ولـى الـلـه

غاية

Margin محمد رسول الله ارسله الخ

Rev. عبد الله ووليه

اسمعيل ابو

المنصور الامام

الظافر بامر الله

امير المؤمنين

Margin بسم الله الرحمن الرحيم ضرب هذا الدينر
بالاسكندرية سنة خمس واربعين وخمس مأة

AV 4·7

XIII. AL-FĀ'IZ

A.H. 549—555 = 1154—1160 A.D.

GOLD

YEAR 1280

549 **Miṣr** Obv. like 1209

Rev., Centre الامام

عيسى

Margin 1 ابو القاسم الفائز بنصر الله امير المؤمنين

2 بسم الله الرحمن الرحيم ضرب هذا الدينر

بمصر سنة تسع واربعين وخمسمأة

A' 4·1

1281, 1282

552 **Alexandria**

Like 1280 (ثنين *sic*)

A'

XIV. AL-'ĀḌID

A.H. 555—567 = 1160—1171 A.D.

GOLD

YEAR 1283

555 **Cairo (Al-Mu'izz[īy]a* al-Ḳāhira)**

Obv. like 1209

Rev., Centre الامـــام

عبد الله

Margin 1 ابو محمد العاضد لدين الله امير

المؤمنين

2 بسم الله الرحمن الرحيم ضرب هذا

الدينر بالمعزة (*sic*) القاهرة سنة خمس

وخمسين وخمس مائة

AV

1284

565 **Cairo (Al-Mu'izz[īy]a* al-Ḳāhira)**

Like 1283 : but

Rev., Centre الله

الامام

عبد

AV 4·35

* This form المعزة of the name occurs several times, and may perhaps be an alternative form, and not merely an error of the engraver.

IMITATIONS OF FĀṬIMID DĪNĀRS

ISSUED BY THE CRUSADERS *

GOLD

1285, 1286

Imitations of dīnārs of al-Mustanṣir, illegible

AV 3·5; one p.

1287, 1288

Imitations of dīnār of al-Āmir ostensibly struck at Miṣr, 506 (see above nos. 1224, 1225)

AV 3·6

1289, 1290

Imitations of dīnār of al-Āmir, ostensibly struck at al-Mu'izzīya al-Ḳāhira, 508

AV

1291—1300[c]

Imitations of dīnārs of al-Āmir, blundered and illegible

AV

* See below, Appendix, KINGDOM OF JERUSALEM.

AYYŪBIDS

I. Egyptian Line

A.H.		A.D.
564	Al-Nāṣir Ṣalāḥ-al-dīn Yūsuf .	1169
589	Al-'Azīz 'Imād-al-dīn 'Othmān . .	1193
595	Al-Manṣūr Moḥammad . .	1198
596	Al-'Ādil Sayf-al-dīn Abū-Bakr I .	1199
615	Al-Kāmil Nāṣir-al-dīn Moḥammad .	1218
635	Al-'Ādil Sayf-al-dīn Abū-Bakr II .	1238
637	Al-Ṣāliḥ Najm-al-dīn Ayyūb . .	1240
647	Al-Mu'aẓẓam Tūrān-Shāh . .	1249
648 —650	Al-Ashraf Mūsā (under Mamlūk Aybak)	1250 —1252

I. ṢALĀḤ-AL-DĪN*

A.H. 564—589 = 1169—1193 A.D.

GOLD

YEAR 1301

570 **Cairo (al-Ḳāhira)**

Obv., in three circles:

1 بسم الله الرحمن الرحيم ضرب هذا الدينر
بالقاهرة سنة سبعين وخمسمائة

2 لا اله الا الله وحده لا شريك له ابو محمد

3 المستضى بامر الله امير المؤمنين

Centre الامام
الحسن

Rev. 1 محمد رسول الله ارسله بالهدى ودين الحق
ليظهره على الدين كله

2 ولو كره المشركون صلى الله عليه وعلى اله

3 الملك الناصر عال غاية (read crosswise)

Centre يوسف
بن ايوب

N 4·7

1302

570? **Alexandria**

Like 1301: decade obscure

N 4·0

1303, 1304

571 **Cairo**

Like 1301 (احد)

N BM iv, 243

* The earliest coin issued by Ṣalāḥ-al-dīn (Saladin) was struck at Cairo in 567 in the name of his overlord Nūr-al-dīn Maḥmūd: see below, under ZANGIDS OF SYRIA.

YEAR 1305

572 **Cairo**

Like 1301 : عال and غاية transposed

AV BM iv, 244

1306

573 **Cairo** Like 1305

AV BM iv, 245

1307

575 **Alexandria**

Like 1305

AV

1308

576 **Cairo**

Obv., in two circles :

1 بسم الله الرحمن الرحيم ضرب هذا الدينر
بالقاهرة سنة ست وسبعين وخمسمائة

2 لا اله الا الله ابو العباس الناصر لدين الله
امير المؤمنين

Centre الامام
احمد

Rev., in two circles :

1 محمد رسول الله ارسله بالهدى ودين الحق
ليظهره على الدين كله صلى الله عليه

2 الملك صلاح الدين عال غاية (read crosswise)

Centre يوسف
بن ايوب

AV 1·6

1309

577 **Cairo** Like 1308

AV

YEAR

1310

578 Cairo — Like 1308

AV

1311

578 Alexandria — Like 1308

AV

1312

579 Cairo — Like 1308

AV

1313, 1314

579 Alexandria — Like 1308

AV — BM iv, 248

1315

580 Cairo — Like 1308

AV — BM iv, 249

1316—1318

580 Alexandria — Like 1308

AV — BM iv, 250

1319

581 Cairo — Like 1308

AV

1320

582 Cairo — Like 1308

AV — BM iv, 251

1321

582 Alexandria — Like 1308

AV — BM iv, 252

Year		
	1322	
583 **Cairo**	Like 1308	
N		BM iv, 253
	1323	
583 **Alexandria**	Like 1308	
N p.		BM iv, 254
	1324	
584 **Cairo**	Like 1308	
N		
	1325	
585 **Alexandria**	Like 1308	
N		
	1326, 1327	
586 **Cairo**	Like 1308	
N		BM iv, 256
	1328	
587 **Cairo**	Like 1308	
N		BM iv, 258
	1329	
588 **Cairo**	Like 1308	
N 5·3		BM iv, 259
	1330, 1331	
589 **Cairo**	Like 1308	
N 3·5, 5·6		

SILVER

1332

Damascus, no date *

Obv., in square الامام
المستضى
بامر الله

Margin (in segments) لا اله | الا الله | محمد
رسو | ل الله

Rev., in square الملك النا
صر صلاح
الدين

Margin (in segments) يوسف | بن ايوب | ضرب
| بدمشق

½ AR BM iv, 261

1333

Ḥamāh, no date *

Obv., in square المستضى
بامر الله

Margin لا اله | الا | الله و | حده

Rev., in square الملك
الناصر

Margin يوسف | بن ايوب | ضرب | بحماه

AR

* The name of the Caliph al-Mustaḍī, however, fixes the date of issue between 566 and 575 A.H.

YEAR 1334

578 ? **Damascus**

Obv. in square الامـام الـنـا
صر الدين الله
امير المؤمنين

Margin لا اله الا | الله وحده | محمد رسو | ل الله

Rev. in square الـمـلـك الـنـا
صر صلاح الد
نـيـا والـدين

Margin يوسف بن ايوب | ضرب دمشق | سنة
ثمان (؟) و | سبعين وخمسمائة

AR p.

1335

582 **Damascus** Like 1334

AR BM Add. iv, 203a

1336

583 **Damascus** Like 1334

AR

1337

586 **Damascus** Like 1334

AR BM iv, 206

1338

58x Mint obliterated

Like 1334

AR

1339

Mint and date clipped away. Like 1334 : but small size

AR p.

COPPER

YEAR 1340, 1341

[5]87 ? **Damascus**

Obv. الملك

الناصر

Margin صلاح الدنيا والدين سلطان المسلمين

Rev. يـوســف

بن ايوب

Margin .... دمشق سنة سبع (؟) وثمنين

Æ Cp. BM iv, 279–283

II. AL-'AZĪZ 'OTHMĀN

A.H. 589—595 = 1193—1198 A.D.

GOLD

YEAR 1342

589 **Cairo**

Obv., in two circles

1 بسم الله الرحمن الرحيم ضرب هذا الدينر
بالقاهرة سنة تسع وثمانين وخمس مائة

2 ابو العباس الناصر لدين الله امير المؤمنين

Centre الامام
احمد

Rev., in two circles

1 لا اله الا الله محمد رسول الله ارسله بالهدى
ودين الحق ليظهره على الدين كله

2 عال غاية الملك العزيز (read crosswise)

Centre عثمان
بن يوسف

AV 4·3 BM iv, 289

1343, 1344

589 **Alexandria**

Like 1342: but العسردر (*sic*) for العزيز

AV 3·9 BM iv, 289

1345

590 **Cairo** Like 1342

AV BM iv, 290

YEAR 1346

590 **Alexandria** Like 1342

AV BM iv, 291

1347

591 **Cairo** Like 1342

AV

1348

591 **Alexandria** Like 1342

AV

1349

592 **Cairo** Like 1342

AV

1350

592 **Alexandria** Like 1342

AV double-struck BM iv, 291

1351

593 **Alexandria**

Like 1342: omitting الرحمن الرحيم

AV Cp. BM Add. iv, 291c

1352

594 **Cairo** Like 1342

AV 5·8

1353

595 **Alexandria**

Like 1342: partly obliterated

AV

1354

5[illegible] **Alexandria**

Like 1342: date nearly obliterated

AV

III. AL-MANṢŪR MOḤAMMAD

A.H. 595—596 = 1198—1199 A.D.

GOLD

YEAR | | 1355

595 **Cairo** Like 1342 : but

Rev. margin 2 الملك المنصور عال غاية (read crosswise)

Centre محمد

بن عثمن

AV 3·2

1356

595 **Alexandria**

Like 1355 : rev. margin 2 reads consecutively

AV BM iv, 299

IV. AL-ʿĀDIL I

A.H. 596—615 = 1199—1218 A.D.

GOLD

YEAR 1357

596 **Alexandria**

Obv. الامام احمد
ابو العباس
الناصر لدين الله
امير المؤمنين

Margin بسم الله الرحمن الرحيم ضرب هذا الدينر بالاسكندرية سنة ست وتسعين وخمس مائة

Rev. عال
الملك العادل
ابو بكر محمد بن ايوب
ولى عهده الملك
الكامل محمد
غاية

Margin محمد رسول الله ارسله to كله

AV p. Cf. BM iv, 341

1357[a]

597 **Cairo** Like 1357

AV p. BM iv, 342

1358

598 **Alexandria** Like 1357

AV 1·5

Year		
		1359
599	Cairo	Like 1357
	AV	
		1360
600	Alexandria	Like 1357
	AV	
		1361
606	Alexandria	Like 1357
	AV	
		1362
607	Cairo	Like 1357
	AV	BM iv, 317
		1363
609	Alexandria	Like 1357
	AV	
		1364
615	Cairo	Like 1357
	AV 5·1	BM iv, 354

SILVER

1365

610 Da[mascus]

Obv., in hexagram الله

لا الـه الا الـلـه

محمد رسول الله

الامام الـنـاصر

لدين

Margin .. وستما | عشر | ... | ... | ... | بد | ضرب

YEAR

Rev., in hexagram

الملك العادل

سيف الدين

ابو بكر بن ايوب

Margin illegible

AR

1366

Mint and date obliterated. Like 1365

AR BM iv, 364

1367

612 **Damascus**

Obv., in sixfoil المؤ

الامام الناصر

لدين الله امير

منين

Margin لا اله | الا | الله | محمد | رسول | الله

Rev., in sixfoil الملك العادل

ابو بكر بن ايوب

Margin ضرب | بدمشق | سنة | اثنى | عشر | ....

AR

1368

[6]12 **Damascus**

Obv., in hexagram

الامام

الناصر

Margin like 1367

YEAR

Rev., in hexagram

الملك

العادل

Margin ضرب | بد | مشق | سنة | اثنى | عشر

½ AR

1368[a]

Like 1368: date obliterated

½ AR

1369, 1370

613 **Damascus**

Obv., in hexagram

الامام

الناصر لدين

الله امير المؤ

منين

Margin like 1367

Rev., in hexagram

سيف

الملك العادل

ابو بكر بن ايوب

الدين

Margin ضرب | بدمشق | سنة | ثلث | عشر | ستمائة

AR p. BM iv, 366

1371

Damascus, date obliterated

Like 1369

AR

1372—1380

Damascus, date obliterated

Like 1367 : but beneath rev. سيف ; above, الدين

Margins nearly obliterated ; some show بد | مشق ,
and one appears to read سنة | ثمان

AR Cf. BM iv, 358ff

1381, 1382

Mint and date obliterated

Like 1372 : but المؤ and منين transposed on obv. ;
and سيف and الدين transposed on rev.

AR ringed BM iv. 362

1383, 1384

Mint and date obliterated

Obv. الله
الامام الناصر
لدين

Rev. الدين
الملك العادل
سيف

Margins obliterated

½ AR

COPPER

1385

Mint and date obliterated

. . . .

Obv. الملك العادل

. . . .

Rev. ابو بكر بن ايوب

Margins obliterated

Æ BM iv, 372

YEAR 1386

Mint and date obliterated

Obv., Centre الامام

Margin الناصر لدين الله امير المؤمنين

Rev., Centre الملك

Margin العادل ابو بكر سيف الدين

Æ

1387

61.x Mint obliterated

Obv. احمد

الامام

الناصر

Margin like 1367

Rev. بكر

الملك

العادل

ابو

Margin ضرب | ... | ... | ... | عشرة | ستمائة

Æ

1388

Damascus, date obliterated

Obv. الدين

الملك العادل

سيف

Rev. ابو بكر بن ايوب

Traces of margin .... بدمشق ...

Æ

V. AL-KĀMIL

A.H. 615—635 = 1218—1238 A.D.

GOLD

YEAR 1389

617 **Alexandria**

Like 1357: but

Rev. الملك الكامل
ابو المعالى
محمد بن ابى بكر
بن ايوب

Margin لا اله الا الله محمد رسول الله ارسله الخ

AV 1·7

1390

622 **Cairo**

Like 1389: obv. area differently divided

AV

1391*

623 **Alexandria**

Obv. الامام محمد
ابو نصر الظاهر
بامر الله امير
المؤمنين

Rev. like 1389

AV p.

* Nos. 1389—91 are in the Kufic character; no. 1392 and all succeeding coins of al-Kāmil are in Naskhī.

YEAR 1392

624 Miṣr

Obv. الامام المنصور
ابو جعفر المستنصر
بالله امير المؤمنين

Margin بسم الله الرحمن الرحيم ضرب هذا الدينار
بمصر سنة اربع وعشرين وستمائة

Rev. الملك الكامل
ابو المعالى محمد
ابن ابى بكر بن ايوب

Margin لا اله الا الله محمد رسول الله ارسله الخ

AV Cf. BM iv, 375

1393, 1394

624 Cairo

Like 1392 : but ايوب transferred to top of rev.

AV ; p.

1395

625 Cairo Like 1393

AV BM iv, 376

1396, 1397

626 Cairo Like 1393

AV p. BM iv, 380

1398

628 Cairo Like 1393

AV BM iv, 381

1399

629 Alexandria Like 1393

AV BM iv, 392

YEAR

1400

630 Cairo Like 1393

AV

1401

631 Cairo Like 1393

AV BM iv, 394

1402

632 Cairo Like 1393

AV 6·0 BM iv, 396

1403

63x Mint obliterated

Like 1393

AV

SILVER

1404

Mint and date obliterated*

Obv., in sixfoil المؤ

الامام الناصر

لدين الله امير

منين

Margin لا اله الخ

Rev. الملك

الملك العادل

ابو بكر بن ايوب

الكامل

Margin obliterated

AR

* This coin appears, by its inscriptions, to have been issued by al-Kāmil as underlord under his father al-ʻĀdil.

YEAR 1405

615 Mint obliterated [Damascus ?]

Obv., in square الامام
الناصر

Margin لا اله | الا الله | محمد ر . . | . . . . .

Rev., in square الملك
الكامل

Margin ضرب . . | . . . . . . | خمس عشرة | ستمائة

½ AR (twice pierced) BM iv, 405

1406

615 **Damascus**

Obv., in square

الامام الناصر
لدين الله امير
المؤمنين احمد

Margin لا اله الا ا | لله وحده | لاشريك له | محمد
رسول الله

Rev., in square

الملك الكامل
ناصر الدنيا وا
لدين محمد بن ابى بكر

Margin بسم الله | ضرب بدمشق | سنة خمسة
عشرة وستمائة

AR

1407

615 **Damascus**

Like 1406 : but خمس ; and omitting احمد and
بن ابى بكر

AR

YEAR 1408—1412

616 **Damascus** Like 1406

AR BM iv, 406

1413, 1414

617 **Damascus** Like 1406

AR BM iv, 407

1415

617 **Damascus** Like 1405

½ AR

1416

618 **Damascus** Like 1406

AR

1417

618 **Damascus** Like 1405

½ AR

1418

622 **Damascus** Like 1406

Rev. margin .... | وعشرين | سنة اثنين ضرب بدمشق

AR

1419

[622-3]* **Damascus**

Like 1406: but date obliterated, and

Obv. الامـــام الـــظـــاهـــر
بـامر الـلـه ابـو نـصر
محمد امير المؤمنين

AR

* The date is approximately determined by the occurrence of the name of the Caliph al-Ẓāhir, who reigned from 622 to 623.

YEAR 1420

[622-3] **Damascus**

Like 1405: but date obliterated (except century), and

Obv. الامام
الظاهر

½ AR

1421

623 **Ḥarrān** Like 1406: but

Obv. الامام المستنصر
بالله امير المؤ
منين المنصور

Rev. margin بسم الله | ضرب بحران | سنة ثلث و |
عشرين وستمائة

AR

1422

Mint and date obliterated. Like 1406: but

Obv. الامام المستنصر
بالله ابو جعفر
المنصور امير المؤمنين

AR

1423

Damascus, date obliterated

Like 1422

AR

— — —

COPPER

1424

[62]5 **Damascus**

Like 1422: but in copper

Æ

1425—1427

No mint or date

Obv. ابو جعفر
الامام المنصور
امير المؤمنين

Rev. محمد بن
الملك الكامل
ابى بكر

Æ BM iv, 416

VI. AL-'ĀDIL II.

A.H. 635—637 = 1238—1240 A.D.

GOLD

YEAR 1428

[63]5 Cairo

Obv. الامام

المنصور ابو

جعفر المستنصر

بالله امير المؤمنين

Margin بسم الله الرحمن الرحيم ضرب هذا الدينار

بالقاهرة سنة خمس و..........

Rev. محمد

الملك العادل

سيف الدين ابو بكر بن

الملك الكامل

Margin لا اله الا الله محمد رسول الله ارسله الخ

AV 7.5 BM iv, 420

1429

636 Cairo Like 1428

AV 4.2 BM iv, 421

VII. AL-ṢĀLIḤ

A.H. 637—647 = 1240—1249 A.D.

GOLD

YEAR 1430

638 **Cairo**

Like 1428: but

Rev. محمد
الملك الصالح
نجم الدين ايوب بن
الملك الكامل

N 4·2 BM iv, 423

1431

639 **Cairo** Like 1430

N 4·2

1432

640 **Cairo** Like 1430

N BM iv, 425

SILVER

1433

Damascus, year obliterated*

Obv. in square
الامام المستنصر
بالله ابو جعفر
المنصور امير المؤمنين

Margin لا اله الخ

* The name of the Caliph al-Mustanṣir fixes the date at not later than 640.

Rev. in square

الملك الصالح
نجم الدنيا والدين
ايوب ابن محمد

Margin ..... | ..... | .... سنة | بدمشق ...

AR

1434

Mint and date obliterated*

Obv. الامام
المستعصم
بالله ابو احمد
امير المؤمنين

Margin لا اله الخ

Rev. like 1433: margin obliterated

AR

* Not earlier than 640, when al-Musta'ṣim began to reign.

II. Aleppo Line

A.H.		A.D.
582	Al-Ẓāhir Ghiyāth-al-dīn Ghāzi .	1186
613	Al-'Azīz Ghiyāth-al-dīn Moḥammad	1216
634 —658	Al-Nāsir Ṣalāḥ-al-dīn Yūsuf .	1236 —1260

I. AL-ẒĀHIR GHĀZĪ

A.H. 582—613 = 1186—1216 A.D.

SILVER*

Year . 1435

59x **Aleppo (Ḥalab)**

Obv.

الامام
الناصر لدين
الله امير المؤ
منين

Margin لا اله الخ

Rev.

غازى
الملك الظاهر
بن الملك الناصر
يوسف

Margin ضرب | بحلب | سنة | . . . | وتسعين وخمسمائة

AR BM iv, 300

* The Aleppo dirhems of the Ayyūbids generally enclose the areas in hexagrams.

YEAR

1436

604 **Aleppo**

Obv. الامامُ

الناصر احمد

الملك العادل

ابو بكر

Margin لا اله آلخ

Rev. الملك

الظاهر غازى

ابن يوسف بن

ايوب

Margin ضرب | بحلب | سنة | اربع | وست | مائة

Æ BM iv, 305

1437

604 **Aleppo**

Obv. الامام

الناصر

Margin لا اله آلخ

Rev. الملك

الظاهر

Margin (traces) ضرب | بحلب | سنة | اربع | وست | مائة

½ Æ p. BM iv, 306

1438

Mint and date obliterated. Like 1437

Æ

YEAR 1439

62*x* Mint obliterated.

Like 1436 : but date (posthumous)

AR BM Add. iv, 310[d]

1440, 1441

Mint and date obliterated. Like 1436

AR

1442

Mint and date obliterated. Like 1436

½ AR

1443

[6]*x*8 Aleppo

Obv. احمد

الامام الناصر

الملك العادل

ابو بكر

Margin لا اله الخ

Rev. يوسف

الملك الظاهر

غياث الدين غازى

بن

Margin ضرب | بحلب | سنة | ثمان و | ... | مائة

AR

COPPER

YEAR 1444—1446

Mint and date obliterated

Obv., in square الامـــام ا
لناصر امير
المؤمنين

Rev., in square الملك
الظاهر
غـازى

Margins obliterated

Æ BM iv, 317

1447

Mint and date obliterated

Obv., in square الامـام
الناصر

Rev., in square الملك
الظاهر

Margins obliterated

Æ BM iv, 320

1448

Mint and date obliterated

Like 1447 : but octogram instead of square

Obv. margin لا اله الخ Rev. margin obliterated

Æ p. BM iv, 313

1449

[6]٦ 6 Mint obliterated

Like 1448 : ست legible in rev. margin

Æ

II. AL-'AZĪZ MOHAMMAD

A.H. 613—634 = 1216—1236 A.D.

SILVER

YEAR 1450

614 **Aleppo**

Obv. احمد
الامام الناصر
الملك العادل
ابو بكر

Margin لا اله الخ

Rev. محمد
الملك العزيز
ابن غازى بن
يوسف

Margin ضرب | بحلب | سنة | اربع | عشرة | ستمائة

AR BM iv, 323

1451

616 **Aleppo**

Obv. احمد
الامام الناصر
الملك الكامل
محمد

Margin لا اله الخ

Rev. محمد
الملك العزيز
ابن الملك الظاهر
غازى

Margin ضرب | بحلب | سنة | ست | عشرة | ستمائة

AR

COPPER

YEAR 1452

6*xx* Mint obliterated

Obv. الامام

الناصر

Margin ....ست مائة

Rev. الملك

العزيز

Margin لا اله الّخ

Æ BM iv, 326

1453

[622-3] Mint and date obliterated

Like 1452 : but

Obv. الامام

الظاهر

Æ BM iv, 330

1454

Mint and date obliterated

Like 1452 : but

Obv. الامام

المستنصر

Æ BM iv, 331

III. AL-NĀṢIR YŪSUF

A.H. 634—658 = 1236—1260 A.D.

SILVER

YEAR 1455, 1456

Mint and date obliterated

Obv., in square الامام

المستعصم

بالله ابو احمد

امير المؤمنين

Margin obliterated

Rev., in square

الملك الناصر

صلاح الدين

يوسف بن محمد

Margin obliterated

AR p.

1457

6 x x **Aleppo**

Obv. ابو

الامام المستعصم بالله

امير المؤمنين

احمد

Margin لا اله الخ

Rev. يوسف

الملك الناصر

بن الملك العزيز

محمد

Margin ضرب | بحلب | سنة | ... | ..... | ستمائة

AR p.

COPPER

1458

Mint and date obliterated

Obv. الملك

الناصر

Rev. بن

الملك

العزيز

Margins obliterated

Æ BM iv, 335

AL-ṢĀLIḤ ISMĀ'ĪL

OF DAMASCUS

A.H. 635, 637—643 = 1237, 1240—1245 A.D.

SILVER

1459

Mint and date obliterated

Obv., in square

الامـــــــــام
المـــستنـــصـــر
بالله ابو جعفر
المنصور امير المؤمنين

Margin (traces) لا اله الخ

Rev., in square

الـمـلـك الـصـالـح
عماد الدنيا والدين
اسمعيل بن ابى بكر

Margin obliterated (بسم الله . . . .)

AR BM iv, 433

1460, 1461

Like 1459: date obscure

AR

1462-3

Damascus, date obliterated [640—3]

Like 1459: but

Obv. الامام
المستعصم
بالله ابو احمد
امير المؤمنين

AR

COPPER

1464

Mint and date wanting

Obv. الملك الصالح
اسمعيل

Rev. يو
الملك النا ؟
سف

Æ

MAMLŪK SULṬĀNS

1. BAḤRĪ MAMLŪKS

A.H.		A.D.
648	Shajar-al-durr, widow of al-Ṣāliḥ Ayyūb	1250
648	Al-Mu'izz 'Izz-al-dīn Aybak .	1250
655	Al-Manṣūr Nūr-al-dīn 'Alī . .	1257
657	Al-Muẓaffar Sayf-al-dīn Ḳuṭuz . .	1259
658	Al-Ẓāhir Rukn-al-dīn Baybars . .	1260
676	Al-Sa'īd Nāṣir-al-dīn Baraka Khān . .	1277
678	Al-'Ādil Badr-al-dīn Salāmish . . .	1279
678	Al-Manṣūr Sayf-al-dīn Ḳalā'ūn . .	1279
689	Al-Ashraf Ṣalāḥ-al-dīn Khalīl .	1290
693	Al-Nāṣir Nāṣir-al-dīn Moḥammad (1st reign)	1293
694	Al-'Ādil Zayn-al-dīn Kitbughā . . .	1294
696	Al-Manṣūr Ḥusām-al-dīn Lājīn . .	1296
698	Al-Nāṣir Nāṣir-al-dīn Moḥammad (2nd reign)	1298
708	Al-Muẓaffar Rukn-al-dīn Baybars II . .	1308
709	Al-Nāṣir Nāṣir-al-dīn Moḥammad (3rd reign)	1309
741	Al-Manṣūr Sayf-al-dīn Abū-Bakr	1340
742	Al-Ashraf 'Alā-al-dīn Kūjūk . .	1341
742	Al-Nāṣir Shihāb-al-dīn Aḥmad .	1342
743	Al-Ṣāliḥ 'Imād-al-dīn Ismā'īl . .	1342
746	Al-Kāmil Sayf-al-dīn Sha'bān	1345
747	Al-Muẓaffar Sayf-al-dīn Ḥājjī .	1346

A.H.		A.D.
748	Al-Nāṣir Nāṣir-al-dīn Ḥasan (1st reign) .	1347
752	Al-Ṣāliḥ Ṣalāḥ-al-dīn Ṣāliḥ . . .	1351
755	Al-Nāṣir Nāṣir-al-dīn Ḥasan (2nd reign) . .	1354
762	Al-Manṣūr Ṣalāḥ-al-dīn Moḥammad	1361
764	Al-Ashraf Nāṣir-al-dīn Sha'bān .	1363
778	Al-Manṣūr 'Alā-al-dīn 'Alī .	1376
783	Al-Ṣāliḥ Ṣalāḥ-al-dīn Ḥājjī .	1381
—784		—1382

2. BURJĪ MAMLŪKS

784	Al-Ẓāhir Sayf-al-dīn Barḳūḳ . . .	1382
[791-2	Al-Manṣūr, formerly Al-Ṣāliḥ, Ḥājjī, *Baḥrī*	1389-90]
801	Al-Nāṣir Nāṣir-al-dīn Faraj (1st reign) .	1398
808	Al-Manṣūr 'Izz-al-dīn 'Abd-al-'Azīz	1405
809	Al-Nāṣir Nāṣir-al-dīn Faraj (2nd reign)	1406
815	Al-'Ādil Al-Musta'īn 'Abbās (the Caliph)	1412
815	Al-Mu'ayyad Shaykh .	1412
824	Al-Muẓaffar Aḥmad . .	1421
824	Al-Ẓāhir Sayf-al-dīn Ṭaṭār . .	1421
824	Al-Ṣāliḥ Nāṣir-al-dīn Moḥammad .	1421
825	Al-Ashraf Sayf-al-dīn Bars-bāy	1422
842	Al-'Azīz Jamāl-al-dīn Yūsuf .	1438
842	Al-Ẓāhir Sayf-al-dīn Jaḳmaḳ	1438
857	Al-Manṣūr Fakhr-al-dīn 'Othmān .	1453
857	Al-Ashraf Sayf-al-dīn Īnāl . . .	1453
865	Al-Mu'ayyad Shihāb-al-dīn Aḥmad	1460
865	Al-Ẓāhir Sayf-al-dīn Khōshḳadam	1461

A.H.		A.D.
872	Al-Ẓāhir Sayf-al-dīn Bil-bāy .	1467
872	Al-Ẓāhir Timurbughā	1468
873	Al-Ashraf Sayf-al-dīn Ḳa'ït-bāy . .	1468
901	Al-Nāṣir Moḥammad . . .	1495
904	Al-Ẓāhir Kānsūh . . .	1498
905	Al-Ashraf Jānbalāṭ . .	1500
906	Al-'Ādil Ṭūmān-bāy	1501
906	Al-Ashraf Ḳansūh al-Ghūrī . . .	1501
922	Al-Ashraf Ṭūmān-bāy	1516
—922 (Dhū-l-Ḥijja)	'Othmānli conquest	1517

1. BAḤRĪ MAMLŪKS

II. AL-MU'IZZ AYBAK

A.H. 648—655 = 1250—1257 A.D.

SILVER

YEAR 1465

[6]53 Mint obliterated

Obv., in square الامام
المستعصم
بالله ابو احمد
امير المؤمنين

Margin ...... | .... | سنة ثلث و | خمسين
و......

Rev., in square*

الملك الصالح
نجم الدين ايوب
ايبك

Margin obliterated

Æ†

1466

654 Cairo

Like 1465 : but obv. margin

بسم الله ضر | ب بالقاهرة | سنة اربع و | خمسين وستمائة

Æ

1467

Mint and date obliterated

Like 1465

Æ

* Aybak has retained the name of his late master, al-Ṣāliḥ.

† The weights of the Mamlūk coins are extremely irregular, and no object is served by recording them.

III. AL-MANṢŪR ʻALĪ

A.H. 655—657 = 1257—1259 A.D.

SILVER

1468

Cairo, date obliterated

Obv., in square الامام

المستعصم

بالله ابو احمد عدة

الدين امير المؤمنين

Margin .... بسم الله ضرب بالقاهرة

Rev., in square

الملك المنصور

نور الدين علي

ابن ايبك

Margin (traces) محمد رسول الله ارسله الخ

AR BM iv, 471

1469

Mint and date obliterated

Like 1468

AR

V. AL-ZĀHIR BAYBARS

A.H. 658—676 = 1260—1277 A.D.

GOLD

YEAR 1470

[6⁶₇]1 **Alexandria**

Obv. ضرب بالاسكندرية
لا اله الا الله
محمد رسول الله
ارسله بالهدى
ودين الحق

Margin ....و احد سنة كندرية.....

Rev. الصالحى
السلطان الملك
الظاهر ركن الدنيا والدين
بيبرس *قسيم امير المؤمنين

Lion passant to left

Margin obliterated

AV

1471

Alexandria, date obliterated

Like 1470

AV p. BM iv, 476

* Rogers Bey read this word قيم "establisher" of, or (passive) "established" by, the Prince of the Faithful, but قسيم (the – being represented by the long line) is the usual reading.

SILVER

YEAR 1472

[6]57* Mint obliterated

Obv. لا الـه الا الـلـه
محمد رسول الله
ارسـلـه بـالـهدى

Margin .... وخمسين | سنة سبع | .... | ....

Rev. بسم الله
بـبـرس الـصالحى
الـمـلـك الـظاهـر
ركن الدنيا والدين
(right margin) الرحمن
(left margin) الرحيم
Lion passant to left

AR p.

1473

Mint and date obliterated

Obv. area like 1472: margin obliterated

Rev. الـسـلـطـان الـمـلـك
الـظـاهـر ركـن الـديـن
ببرس قسيم امير المؤمنين
Lion passant to left

AR

1474

Mint and date obliterated

Obv. الامـام الـمستـنـصر
بـالـلـه ابـو الـقـاسم
احمد امير المؤمنين

Margin ...... | محمد رسول الله | لا اله الا الله
.... |

Rev. like 1472

AR

* Possibly an error for 659—سبع for تسع. The absence of any name of Caliph seems to indicate that the coin was issued before Baybars revived the ʿAbbāsid caliphate at Cairo in 659.

YEAR

1475

Damascus, date obliterated

Obv. [اﻟ]مؤ[منين]

الامام المستنصر بالله

(margin) ضرب

ابو القاسم احمد ابن

الامام الظاهر

امير

(margin) بدمشق

Rev. like 1473

1476—8

Mint and date obliterated. Like 1475

AR

1479

Mint and date obliterated. Like 1475 : but obv. margin like 1474

AR

1480

[6]61 **Cairo**

Obv. like 1472: but margin ... بالقاهرة سنة احد وستين

Rev. like 1473 : but above الصالحى

AR

1481

Cairo, date obliterated. Similar to 1480

AR

1482

[66]7* **Cairo** Like 1480

AR

1483, 1484

670* **Cairo** Like 1480

AR

* These dates do not agree with those of the Caliph al-Mustanṣir.

YEAR

1485

66x **Damascus**

Obv.

ضرب بدمشق
الامام الحاكم
بامر الله ابو
العباس احمد

وستين وست مائة

Rev. like 1473

AR

1486

671 **Damascus** Like 1485

AR

1487—1491

Mint and date obliterated. Like 1485

AR p.

COPPER

1492, 1493

No mint or date

Obv. Traces of *Kalima*

Rev.

السلطان

Lion passant to left

الملك الظاهر

Æ BM iv., 486

VI. AL-SA'ĪD BARAKA KHĀN

A.H. 676—678 = 1277—1279 A.D.

SILVER

YEAR		
	1494	
678	**Damascus**	
	Obv.	لا اله الا الله
		محمد رسول الله
		ارسله بالهدى
	Margin	ضرب بدمشق سنة ثمان وسبعين وستمائة
	Rev.	امير المؤمنين
		الملك السعيد ناصر
		الدنيا والدين بركة خان بن
		الملك الظاهر قسيم
		Lion passant to left
	AR	
	1495	
	Damascus, date obliterated	
		Like 1494
	AR	

VIII. AL-MANṢŪR ḲALĀ'ŪN

A.H. 678—689 = 1279—1290 A.D.

GOLD

YEAR 1496

Cairo, date obliterated

Obv. like 1470: but above ضرب بالقاهر ة

Margin ....ذا الدينار المبا....

Rev. المؤمنين
السلطان الملك
المنصور سيف الدنيا والدين
قلاون الصالحى
قسيم امير

Margin, traces of محمد رسول الله

AV

1497

688 Cairo

Like 1496: but

Obv. margin ....ثم]ان وثمانين وستما[ئة]

AV p.

1498

Cairo, date obliterated

Like 1496: but obv. margin

.....الدينار المبارك بالقاهرة سنة......

Rev. margin لا اله الا..........ودين الحق

AV

1499, 1500

Mint and date obliterated

Like 1496: but الحق at top of obv.

AV p. BM Add. iv. 191k

SILVER

YEAR 1501

681 [Damascus]*

Obv. like 1470 to بالهدى :

mint above obliterated, but probably بدمشق

Margin سنة احدى و ثمانين وستمائة

Rev. الصالحى

السلطان الملك

المنصور سيف الدنيا والدين

قلاوٓن

AR

1502

687 Damascus Like 1501

AR

1503

689 Damascus Like 1501

AR

1504—7

Damascus, date obliterated

Like 1501

AR

1508

Damascus, date obliterated

Like 1501 : but

Rev. المؤمنين

السلطان الملك

المنصور سيف الدين

. . . .

AR

* The mint is not legible on every one of the following eight coins, but is almost certainly identical.

IX. AL-ASHRAF KHALĪL

A.H. 689—693 = 1290—1293 A.D.

GOLD

1509

Cairo, date obliterated

Obv. like 1470 : above ضرب بالقاهرة

Margin, traces of ... الدينار المبارك .....

Rev. السلطان الملك

الاشرف صلاح الدنيا والدين

خليل قسيم امير المؤمنين

بن الملك المنصور

Margin, traces of .... لا اله الا الله

AV

1510

Cairo, date obliterated

Obv. like 1470, adding ليظهره على الدين beneath, and

كله above in place of mint

Margin ينار المبارك بالقاهرة المحروسة ....

....

Rev. قلاون

السلطان الملك الاشرف

صلاح الدين ناصر الملة المحمدية

محيى الدولة العباسية

خليل بن

AV BM iv, 495

SILVER

YEAR 1511

690 **Damascus**

Obv. like 1501

Margin ضرب بدمشق سنة تسعين وستمائة

Rev. السلطان الملك
الاشرف صلاح الدنيا
والدين خليل ابن

Margin السلطان الملك المنصور

AR

X. AL-NĀṢIR MOHAMMAD

A.H. 693-4, 698—708, 709—741 = 1293-4, 1299—1309,
1310—1341 A.D.

GOLD

1512

Mint and date obliterated

Obv. الله

[ومـا] النصر الا من عند

لا الـه الا الـلـه محـمـد

رسـول الـلـه ارسـلـه

بالهدى ودين

Margin Traces of date

Rev. الله

ومـا الـنـصـر الا مـن عـنـد

الـسـلـطـان الـمـلـك الـنـاصـر

ناصر الدنيا والدين محمد ب[ن]

الملك المنصور

قلاون

Margin obliterated

AV BM iv. 499

1513

Cairo, date obliterated

Like 1512 : but above rev. بالقاهرة

AV

YEAR 1514

[7]38 Damascus

Obv. لا اله الا الله

محمد رسول الله ارسله

بالهدى ودين الحق ضرب

بدمشق سنة ثمان و

ثلثين و[سبع مائة]

Rev. like 1512 : but top lines,

بالله

ما توفيقى الا

Æ p.

SILVER

1515

731 Damascus

Obv. . . . .

. . . .

بالهدى ودين الحق

ضرب بدمشق سنة احدى

وثلثين وسبعمائة

Rev. السلطان الملك

الناصر ناصر الدنيا والدين

محمد بن الملك المنصور

قلاون

AR p. Cp. BM iv, 513

YEAR 1516

Mint and date obliterated

Obv. *Kalima*, etc., like 1512

Rev. قلاون

السلطان الملك

الناصر ناصر الدنيا و

الدين ....

......

AR Cp. BM iv, 504

COPPER

1517, 1518

[7]35 **Damascus**

Obv. *Kalima*, etc., like 1512

Rev. بدمشق

سنة خمس وثلثين

السلطان الملك الناصر

ناصر الدنيا والدين محمد

....

......

Æ BM iv, 521

XVII. AL-ṢĀLIḤ ISMĀ'ĪL

A.H. 743—746=1342—1345 A.D.

GOLD

YEAR 1519

745 **Cairo**

Obv. *Kalima*, etc., to ليظهره على الدين

Rev. سنة

ضرب بالقاهرة

السلطان الملك الصالح

عماد الدنيا والدين اسمعيل

بن الملك الناصر محمد خمس

[وا]ربعين وسبعمائة

AV Cp. BM iv, 529

SILVER

1520

Damascus, date obliterated

Obv. *Kalima*, etc.; above, mint

Rev. السلطان الملك

الصالح عماد الدنيا

والدين بن محمد ضرب

بدمشق سنة . . .

. . . .

AR Cp. BM iv, 535

YEAR

1521

744 Mint obliterated

Like 1520: but last two lines of obv.,

الحق اربع واربعين
وسبعمائة

and last two lines of rev.,

والدين اسمعيل بن الملك
الناصر محمد بن قلاون

AR

1522, 1523

Damascus, date obliterated

Like 1521: but اسماعيل instead of اسمعيل

AR

COPPER

1524—1526

743 **Damascus**

Obv. اسمعيل
الملك الصالح
بن محمد

Rev. ضرب بدمشق
سنة ثلاث واربعين
وسبعمائة

On both sides the centre line of inscription is separated from the words above and below by a row of dots

Æ BM iv, 530

1527

744 **Damascus**

Like 1524

Æ

XIX. AL-MUẒAFFAR ḤĀJJĪ

A.H. 747—748 = 1346—1347 A.D.

GOLD

YEAR 1528

748 (Jumādā I) **Damascus**

Obv. الله
وما النصر الا من عند
لا اله الا الله محمد
رسول الله ارسله بالهدى
ودين الحق اليظهره على
الدين كله

Rev. ضرب بدمشق
السلطان الملك المظفر
سيف الدنيا والدين حاجى
بن الملك الناصر فى جمادى
الاول سنة ثمان وار[بعين] (*sic*)
وسبعمائة

A' p.

1529

Mint and date obliterated

Like 1528: obv. ends at بالهدى

A'

XX. AL-NĀṢIR ḤASAN

A.H. 748—752, 755—62 = 1347—51, 1354—61 A.D.

COPPER

YEAR 1530

[7]49 **Damascus**

Obv. بن محمد
الملك الناصر حسن
ضرب بدمشق سنة

Rev., in geometrical border
تسع
واربعين

Æ BM iv, 522

1531

No mint or date

Obv. الملك الناصر

Æ

XXI. AL-ṢĀLIḤ ṢĀLIḤ

A.H. 752—755 = 1351—1354

GOLD

1532

752 **Cairo**

Obv. *Kalima*, etc., to الدين كله

Rev. ضرب بالقاهرة
السلطان الملك الصالح
صلاح الدنيا والدنيا صالح
بن الملك الناصر محمد سنة اثنتى
وخمسين وسبعمائة

AV BM iv, 555

XXII. AL-MANṢŪR MOḤAMMAD

A.H. 762—764 = 1361—1363 A.D.

GOLD

YEAR 1533

[76]4 **Cairo**

Obv. *Kalima*, etc., to الدين كله

Rev.

ضرب بالقاهرة سنة اربع
السلطان الملك المنصور
صلاح الدنيا والدين محمد بن الملك
[المظفر] حاجى بن الملك الناصر
. . . .

AV BM iv, 570

1534

764 **Alexandria**

Like 1533 : showing المظفر, and beneath

ستين وسبعمائة

AV p. BM iv, 570d

COPPER

1535

[76]3 **Cairo**

Obv. ضرب بالقاهرة
سنة ثلاث . . .
. . . .

Rev. السلطان الملك المنصور
صلاح الدنيا والدين
محمد بن الملك المظفر حاجى
....

Æ BM iv, 573

XXIII. AL-ASHRAF SHA'BĀN

A.H. 764—778 = 1363—1377 A.D.

GOLD

YEAR 1536

777 **Aleppo**

Obv. *Kalima*, etc., to الدين كله

Rev. ضرب بحلب سنة
السلطان الملك الاشرف
ناصر الدنيا والدين شعبان بن حسين
بن الملك الناصر محمد بن قلاون
سبع وسبعين وسبعمائة

AV

1537

7[illegible] **Alexandria**

Like 1536: coarsely engraved

AV p.

COPPER

1538

765 **Cairo**

Obv. ضرب بالقاهرة
سنة خمس
وستين
وسبعمائة

Rev. السلطان الملك
الاشرف شعبان بن حسين بن
السلطان الملك الناصر
محمد بن قلاون

Æ BM Add. iv, 591b

YEAR 1539, 1540

766 **Cairo** Like 1538

Æ BM iv, 592

1541

[76]8 ? **Cairo** Like 1538

Æ BM iv, 594

1542

770 **Cairo** Like 1538

Æ BM iv, 597

1543

Cairo, date obliterated

Like 1538

Æ

2. BURJĪ MAMLŪKS

I. AL-ẒĀHIR BARḲŪḲ

A.H. 784—801 = 1382—1399 A.D.

GOLD

YEAR 1544

801 **Cairo**

Obv. وما النصر الا من عند الله
لا اله الا الله محمد
رسول الله ارسله بالهدى
ودين الحق ليظهره على
الدين كله

Rev. ضرب بالقاهرة سنة احد
السلطان الملك الظاهر
سيف الدنيا والدين ابو سعيد برقوق
خلد الله سلطانه
وثمان مائة

AV

SILVER

1545—48

Aleppo, date obliterated

Obv. *Kalima*, etc.; above (on 1547 only) ضرب بحلب

Rev. السلطان الملك
الظاهر سيف الدنيا والدين
ابو سعيد برقوق

AR

YEAR 1549

Mint and date obliterated

Obv. like 1545

Rev. Centre برقــوق

عز نصره

Around ..... السلطان الملك

AR

COPPER

1550

79.x Mint obliterated

Obv. ....

...ع وتسعين و

سبعمائة

Rev. ابو [سعيد]

الملك الظاهر

برقوق

Æ

1551

Damascus, date wanting

In hexagram ب

ضر

مشق

بد

Rev. الظاهر

السلطان الملك

برقوق

Æ

II. AL-NĀṢIR FARAJ

A.H. 801—815 = 1399—1412 A.D.

GOLD

YEAR — 1552

807 **Cairo** Obv. like 1544

Rev.

ضرب بالقاهرة سنة سبع
السلطان الملك الناصر
[ابو السعادات] فرج ابن الشهيد
الملك الظاهر برقوق
وثمان مائة

AV

1553

[8]1*x* **Cairo**

Like 1552: but
of date only عشر legible beneath rev.

AV

1554

Aleppo, date obliterated

Obv. like 1544

Rev.

ضرب بحلب
السلطان الملك الناصر
ابو السعادات فرج بن الملك
الظاهر برقوق
خلد الله [سلطانه]

AV

YEAR 1555

804 (814)* **Cairo**

Obv. [لا اله] الا ا[لله محمد]

رسول الله ارس[له]

بالهدى ضرب بالقاهرة سنة اربع

وثمانمائة

Rev. [ornament] فرج [ornament]

السلطان الملك الناصر

[بن] برقوق

AV BM iv, 647

1556, 1557

810 **Cairo** Like 1555 : varied

AV BM iv, 645

1558

812 **Cairo** Like 1555 : varied

AV

* The عشرة is not seen on the coin, but has probably been cut off. The type of coin with the fess on rev. did not, apparently, come into use before Barḳūḳ.

V. AL-MU'AYYAD SHAYKH

A.H. 815—824 = 1412—1421 A.D.

GOLD

YEAR 1559

8[1]5 Cairo

Obv. ....

محمد رسول الله

ضرب بالقاهرة سنة خمس

[عشر] وثمانمائة

Rev. ابو النصر شيخ

[ال]سلطان الملك المؤيد

....

AV BM iv, 650

1560

[8]21 Cairo

Obv. like 1544

Rev. centre* مثقال

Margin السلطان الملك المؤيد ابو النصر شيخ

بالقاهرة احد وع[شرين] و.......

AV

* مثقال is the *weight* of a dīnār.

SILVER

YEAR 1561

819 **Damascus**

Obv. بدمشق

لا اله الا ا[لله]

محمد رسو[ل الله]

. . .

Rev. ابو النصر شيخ

الملك المؤيد

تسع عشر وثمانمائة

AR

VI. AL-MUZAFFAR AḤMAD?

A.H. 824 = 1421 A.D.

SILVER

1562

Mint and date obliterated

Obv. لا اله الا

الله محمد

رسول اله

Rev. Centre احمد

Margin السلطان الملك .... ابو الفتح

AR p.

IX. AL-ASHRAF BARS-BĀY

A.H. 825—842 = 1422—1438 A.D.

GOLD

YEAR		1563, 1564

829 **Cairo**

Obv.

ارسله
لا اله الا الله
محمد رسول الله
بالهدى

Rev.

بالقاهرة
السلطان الملك الاشرف
ابو النصر برسباى عز نصره
سنة تسع وعشرين وثمان[مائة]

Lines of inscription on both sides separated by cable-pattern border.

AV p. BM iv, 655

1565

840 **Cairo**

Like 1563 : but اربعين

AV

1566—68

Cairo, date obliterated

Like 1563

AV

X. AL-'AZĪZ YŪSUF

A.H. 842 = 1438 A.D.

GOLD

YEAR 1569

84[2] Mint obliterated

Obv. like 1563

Rev.

السلــطــان المــلــك الــعز[يز]

[ابو] المحاسن يوسف بن برسباى

.... بعين وثــمــا[نمائـــة]

Cable border between lines

AV BM IV, 602

XI. AL-ẒĀHIR JAḲMAḲ

A.H. 842—857 = 1438—1453 A.D.

GOLD

1570

[8]43 **[Cairo]**

Obv. like 1563

Rev. [بالقاهرة]

السلطان الملك الظا[هر]

ابو سعيد جقمق عز نصره

سنة ثلاث واربعين

Cable border between lines

AV

1571—1577

Like 1570: date obliterated, but بالقاهرة clear on several specimens

N

S I L V E R

1578, 1579

Damascus, date obliterated

Obv. ضرب بدمشق
لا اله الا الله
محمد رسول الله

Rev. Centre جقمق

Margin السلطان الملك الظاهر ابو سعيد

AR

1580

[8]x4 Mint obliterated

Like 1578: but اربع beneath obv.

AR

XIII. AL-ASHRAF ĪNĀL

A.H. 857—865 = 1453—1461 A.D.

GOLD

YEAR 1581

[8]57 Mint obliterated

Obv. like 1563: but lowest line وحده

Rev. . . . .

السلطان الملك

الاشـــرف اينال

[٨] ٥ ٧ ...

Cable border

AV

1582

Mint and date obliterated. Like 1581

AV

SILVER

1583—87

Mint and date obliterated

Obv. (in quasi-Kufic)

لا الـه الا

الله محمد

رسول الـله

Rev. Centre اينال

Margin ...... السلطان الملك الاشرف

AR BM iv, 608

1588

Cairo, date obliterated

Obv. within ornamented border بالقاهرة; around, *Kalima*

Rev. like 1583; اينال in ornamented border

AR

XV. AL-ẒĀHIR KHŌSHḲADAM

A.H. 865—872 = 1461—1467 A.D.

GOLD

1589, 1590

Mint and date obliterated

Obv. like 1563

Rev. . . . .

[السـلـ]طان الملك الظـ[اهـر]

[ابو] سعيد [خو]شقدم عز [نصره]

. . . .

Cable border

AV Cf. BM iv, 670

SILVER

1591—3

Mint and date obliterated

Obv. like 1583, in similar quasi-kufic.

Rev. Centre, in circle خشقدم

Margin . . . . السلطان الملك الظاهر

AR BM iv, 674

1594, 1595

Like 1591 : circle varied

AR

1596

Like 1591 : but

Rev. خشقدم

سعيد

AR

XVIII. AL-ASHRAF ḲĀÏT-BĀY

A.H. 873—901 = 1468—1495 A.D.

GOLD

YEAR 1597—1606

Mint and date obliterated

Obv. . . . .

لا الـــه الا الـلـه

مـحـمـد رسول الله

. . . .

Rev. . . . .

الـسلطان الـمـلـك الاشـرف

ابو النصر قائـتباى عز نصره

Cable border on both sides.

AV BM iv, 678

SILVER

1607

[8]x4 Mint obliterated

Obv. Centre عز نصره

Margin لا اله الا الله محمد رسول الله

Rev. Centre قائـتباى

Margin السلطان الملك الاشرف ابو النصر سنة اربع

AR

1608—1610

Cairo, date obliterated

Like 1607 : but

Obv. Centre, in border,

بالقاهرة

نصره

Æ BM iv, 684

1611—1614

Cairo, date obliterated

Like 1607 : but obv. arranged in three lines

Æ

1615

Like 1607 : varied

Æ

1616

Aleppo, date obliterated

Like 1607 : but obv. centre حلب

Æ

XIX. AL-NĀṢIR MOḤAMMAD

A.H. 901—904 = 1495—1498 A.D.

GOLD

1617

Mint and date obliterated

Obv. like 1597

Rev. السلطان الملك الناصر

.... الـ قائتباى عز نصره

(? [ابو السعاد]ات = الـ)

Cable borders.

AV

XX. AL-ẒĀHIR ḲĀNṢŪH

A.H. 904—905 = 1498—1500 A.D.

GOLD

1618

Mint and date obliterated

Obv. like 1597

Rev. [السـ]طان

[المـ]لك الظاهر

ابو سعيد قانصوه

Cable borders

AV BM iv, 687

XXII. AL-'ĀDIL ṬŪMĀN-BĀY

A.H. 906 = 1501 A.D.

GOLD

1619

Mint and date obliterated

Obv. like 1597

Rev. . . . .

[الس]لطان الملك العاد[ل]

الـ طومان باى

(الـ as on 1617)

Cable borders

AV

XXIII. AL-ASHRAF ḲĀNṢŪH AL-GHŪRĪ

A.H. 906—922 = 1501—1516 A.D.

GOLD

YEAR 1620

913 Mint obliterated

Obv. like 1597: beneath ٩١٣

Rev. السلط[ان]

الملك الاشرف

قانصوه ال[غورى]

[عز نصره]

Cable borders

AV (ringed) BM iv, 691

YEAR

1621

915 **Mint** obliterated

Like 1620 : but ٩١٥

AV BM iv, 694

1622

Like 1620 : no date

AV

1623

Like 1620 : date obscure

AV

1624

Mint and date obliterated

Obv. like 1597

Rev. Centre قانصوه

الغـور

ى

Margin السلطان الملك الاشرف [ابو النصر عز نصره]

AV

1625

Like 1624 : عز نصره clear

AV

SILVER

1626

Damascus, date obliterated

Obv. Centre بدمشق

Margin *Kalima*

Rev. like 1624, varied

AR

1627, 1628

Like 1626 : but oval

AR

‘OTHMĀNLĪ SULTĀNS

OF TURKEY

ʻOTHMĀNLĪ SULṬĀNS

A.H.		A.D.
699	ʻOthmān I	1299
726	Orkhān	1326
761	Murād (Amurath) I	1360
792	Bāyazīd (Bajazet) I	1389
805	Moḥammad I	1402
824	Murād II	1421
855	Moḥammad II	1451
886	Bāyazīd II	1481
918	Salīm I	1512
926	Sulaymān I	1520
974	Salīm II	1566
982	Murād III	1574
1003	Moḥammad III	1595
1012	Aḥmad I	1603
1026	Muṣṭafā I	1617
1027	ʻOthmān II	1618
1031	Muṣṭafā I *restored*	1622
1032	Murād IV	1623
1049	Ibrāhīm I	1640
1058	Moḥammad IV	1648
1099	Sulaymān II	1687
1102	Aḥmad II	1691
1106	Muṣṭafā II	1695
1115	Aḥmad III	1703

A.H.		A.D.
1143	Maḥmūd I	1730
1168	‘Othmān III	1754
1171	Muṣṭafā III	1757
1187	‘Abd-al-Ḥamīd I	1773
1203	Salīm III	1789
1222	Muṣṭafā IV	1807
1223	Maḥmūd II	1808
1255	‘Abd-al-Majīd	1839
1277	‘Abd-al-‘Azīz	1861
1293	Murād V	1876
1293	‘Abd-al-Ḥamīd II, *reigning*	1876

IX. SALĪM I.

A.H. 918—926 = 1512—1520 A.D.

GOLD

YEAR 1629

(918)* **Constantinople**

Obv. Formula A, viz.:

ضارب النضر
صاحب العز والنصر
فى البر والبحر

Rev.
سلطان سليم شاه بن
بايزيد خان عز نصره ضرب
قسطنطنية
فى سنة ٩١٨

N 3·4

* A date enclosed in parentheses signifies the year of the Sultan's accession. It does not follow that the coin was necessarily struck in that year: it was merely an epoch.

X. SULAYMĀN I.

A.H. 926—974 = 1520—1566 A.D.

GOLD

YEAR 1630—1632

(926) **Constantinople**

Obv. Formula A

Rev. سلطان سليمان

بن سليم خان

عز نصره ضرب

قسطنطنية فى

سنة ٩٢٦

AV 3·5 BM viii, 172

1633

(926) **Belgrade**

Like 1630 : but

بلغراد

فى سنة

٩٢٦

AV 3·5

1634, 1635

(926) **Sidra-Ḳaysī**

Like 1630 : but

سدرة قيسى فى

سنة ٩٢٠

AV 3·1, one p. BM viii, 185

YEAR

1636

Like 1634: but

Rev. سلطان سليمان شاه
بن سليم شاه عز نصره
سدرة
قيسى
ضرب ٩٢٦
سنة

AV 3·5

1637—1639

(926) **Serez (Sīrūz)**

Like 1630: but

سرُوز فى (vowel thus)
سنة ٩٢٦

AV 3·4

1640

Same: but

Rev. سلطان سليمان شاه
بن سلطان سليم شاه
عز نصره ضرب
سيروز فى
سنة
٩٢٦

(Two dots under ي of سيروز)

AV

1641

(926) **Damascus**

Like 1640: but بن سليم خان, and
دمشق
سنة
٩٢٦

AV 3·5 BM viii, 196

YEAR 1642

(926) **Miṣr (Cairo)**

Like 1630 : but

عز نصره ضرب فی

مصر سنة

٩٢٦

AV p. BM viii, 202

1643—1645

Similar : but titles on rev. varied

AV 3·4, two p. BM viii, 204

COPPER

1646

929 **Miṣr**

Obv.

عز نصره

ضرب مصر

٩٢٩

Rev. Ornament

Æ

1647

952 **Miṣr**

Obv.

مصر

ضرب

سنة

٩٥٢

Rev. Ornament

Æ

XI. SALĪM II.

A.H. 974—982 = 1566—1574 A.D.

GOLD

YEAR 1648

(974) **Serez**

Obv. Formula A

Rev. سلطان سليم بن
سليمان خان عز نصره
ضرب سيروز فى
سنة ٩٧٤

(Points سيرور)

AV 3·4

1649

(974) **Damascus**

Obv. Formula A

Rev. سلطان سليم شاه
بن سلطان سليمان خان
عز نصره ضرب
دمشق
فى سنة
٩٧٤

AV p.

1650—1652

(974) **Miṣr**

Obv. Formula A

Rev. سلطان سليم شاه
بن سليمان خان
عز نصره ضرب فى
مصر سنة
٩٧٤

AV

XII. MURĀD III.

A.H. 982—1003 = 1574—1595 A.D.

GOLD

YEAR 1653, 1654

(982) **Constantinople**

Obv. Formula A

Rev. سلطان مراد بن

سليم خان عز نصره

ضرب فى

قسطنطنية

٩٨٢

سنة

A' 3·4 BM viii, 234

1655

(982) **Sidra-Ḳaysī**

Like 1653: but

سدره قيسى فى

٩٨٢

A'

1656, 1657

(982) **Damascus**

Like 1653: but

فى دمشق

سنة

٩٨٢

A'

YEAR

1658, 1659

Like 1656: adding شاه after مراد

A̸ one p. BM viii, 241

1660

(982) Aleppo

Like 1653: but

سليم before سلطان

and في حلب

سنة

٩٨٢

A̸

1661, 1662

(982) Miṣr

Like 1653: but

rev. differently arranged, and last lines.

نصره ضرب في

مصر سنة

٩٨٢

A̸

1663—1676

Like 1661: but

Obv. Formula B:—

سلطان البرين

وخاقان البحرين

السلطان بن

السلطان

A̸ three p. BM viii, 253

XIII. MOHAMMAD III.

A.H. 1003—1012 = 1595—1603 A.D.

GOLD

YEAR 1677

(1003) **Constantinople**

Obv. Formula B

Rev. سلطان محمد

بن مراد خان

عز نصره ضرب فى

قسطنطنية

١٠٠٣

AV 3·4 BM viii, 257

1678

Damascus, year obliterated

Like 1677 : but .... فى دمشق سنة

AV 3·4 BM viii, 262

1679—1690

(1003) **Miṣr**

Like 1677 : but فى مصر سنة ١٠٠٣

AV two p. BM viii, 271

XVIII. IBRĀHĪM I.

A.H. 1049—1058 = 1640—1648 A.D.

GOLD

YEAR . 1691

(1049) **Misr**

Obv. Formula B

Rev. سلطان ابرهيم بن
احمد خان عز
نصره ضرب فى
مصر سنة
١٠٤٩

AV 3·3 BM viii, 358

XIX. MOHAMMAD IV.

A.H. 1058—1099 = 1648—1687 A.D.

GOLD

1692

Constantinople, year obliterated

Obv. Formula B

Rev. سلطان محمد
بن ابرهيم خان
عز نصره ضرب فى
قسطنطنية

AV 3·3 p. BM viii, 366

COPPER

Year	1693	
[1]078	Tripoli (Ṭarābulus Gharb)	

Obv.

سلطان
محمد بن
ابراهيم خان

Rev.

فى طرابلس
غرب
سنة ٠٧٨

Æ BM viii, 382

1694

1080 Tunis

Obv.

سلطان
محمد بن
ابراهيم
In centre ن

Rev.

ضرب
تونس
فى سنة
١٠٨٠

Æ

XX. SULAYMĀN II.

A.H. 1099—1102 = 1687—1691 A.D.

GOLD

YEAR 1695

1100 **Tunis**

Obv. Formula A

Rev. سلطان
شـــــــاه
سـلـيـمان بـن
خـان ابـراهـيـم
عز نصره ضرب فى
تـونـس
١١٠٠

N 3·2 *Sequin Fundukli**

* On the sequin *fundukli* and the sequin *zar maḥbūb* (henceforward abbreviated as Seq. F. and Seq. Z.M.) see the *Catalogue of Oriental Coins in the British Museum*, vol. viii., Introduction.

XXI. AḤMAD II.

A.H. 1102—1106=1691—1695 A.D.

GOLD

YEAR 1696

1103 **Miṣr**

Obv. Formula B

Rev. سلطان احمد
بن ابرهيم خان
عز نصره ضرب فى
مصر سنة
١١٠٣

N 3·3 Seq. F. BM viii, 412

XXII. MUSṬAFA II.

A.H. 1106—1115 = 1695—1703 A.D.

GOLD

1697

(1106 ?) **Armenia**

Obv. Formula B

Rev. Ṭughrā of Sulṭān
عز نصره ضرب فى
ارمينية
سنة
١١٠[٦؟]
(ارميميه thus pointed)

N 3·3 p. Seq. F. Cf. BM viii, 429

XXIII. AḤMAD III.

A.H. 1115—1143 = 1703—1730 A.D.

GOLD

YEAR 1698

(1115) Constantinople

Obv. Formula B

Rev. Ṭughrā

عز نصره ضرب فى
قسطنطينية
١١١٥

AV 3·1 p. Seq. F. BM viii, 437

1699

(1115) Tabrīz

Obv. Ṭughrā

Rev. ضرب فى
تبريز
١١١٥

above, ornament

AV 3·3 p. Seq. F. BM viii, 481

1700—1746

(1115) Miṣr

Obv. Formula B

Rev. Ṭughrā

عز نصره ضرب فى
مصر سنة
١١١٥

(9 coins have صح over ابن on obv.; 4 have ه; the rest have various arabesque or floral ornaments.)

AV 3·4 Seq. F. BM viii, 487

XXIV. MAḤMŪD I.

A.H. 1143—1168 = 1730—1754 A.D.

GOLD

YEAR			1747
(1143)	**Tripoli (Ṭarābulus Gharb)**		
	Obv.		Formula A
	Rev.		سلطان محمود بن مصطفى خان عز نصره ضرب فى طرابلس غرب ١١٤٣
	A' 3·3 p. Seq. F.		
			1748
1166	**Tunis**		
	Obv.		سلطان محمود خان عز نصره
	Rev.		ضرب فى تونس ١١٦٦ سنة
	A' 1·7 twice p. ½ Seq. F.		

YEAR 1749

1165 **Algiers (Jazā'ir)**

Obv. سلطان

محمود

Rev. ضرب

جزاير

١١٦٥

AV ·8 ¼ Seq. F.

XXV. 'OTHMĀN III.

A.H. 1168—1171 = 1754—1757 A.D.

GOLD

1750

(1168) **Miṣr**

Obv. Formula B: ص over ابن

Rev. Ṭughrā

عز نصره ضرب فى

مصر سنة

١١٦٨

AV 2·5 p. Seq. Z.M.* BM vii, 587

* See note to p. 293.

XXVI. MUSṬAFA III.

A.H. 1171—1187 = 1757—1773 A.D.

GOLD

YEAR 1751

(1171) **Islāmbōl (Stambōl, Constantinople)**

Obv. Ṭughrā, enclosed in foliate border

Rev.

ضرب فی

اسلامبول

١١٧١

Date enclosed in an escutcheon

AV 3·4 p. Seq. F.

1752—1754

(1171) **Miṣr**

Obv. Formula B: س over ابن

Rev. Ṭughrā

عز نصره ضرب فی

مصر سنة

١١٧١

AV 2·5 two p. Seq. Z.M.

1755

Same as 1752: but ع over ابن

AV 2·5 p. Seq. Z.M.

YEAR		
	1756*	
[11]83	**Misr**	

Obv. Formula A : ۸۳ after البحر

Rev. سلطان مصطفى
بن احمد خان عز نصره ضرب فى
مصر سنة
۱۱۷۱
above عا

AV 1·2 twice p. ½ Seq. Z.M. — BM viii, 645

1757

1186 **Tunis**

Obv. سلطان
البرين البحرين
السلطان مصطفى
خـان عز نصره

Rev. ۱۱۸۲
ضرب فى
تـونـس

AV 1·2 p. ½ Seq. Z.M.

COPPER

1758

1173 **Tunis**

Obv. سلطان
مصطفى
خان

Rev. ضرب فى
تـونـس
۱۱۷۳

Æ — BM viii, 657

* This sequin was struck during the government of 'Alī Bey, who made himself independent in Egypt, A.H. 1182—1186.

YEAR 1759

1186 **Tunis**

Same as preceding: but ١١٨٦

Æ BM viii, 665

Tunis 1760

Same as preceding: year obliterated

Æ

1761

1173 **Tunis**

Obv. ضرب

Rev. فی ١١٧٣

تونس

Æ BM viii, 673

GOLD

1762

1174 **Algiers (Jazā'ir)**

Obv. سلطان

مصطفی خان

عز نصره

Rev. ضرب فی

جزاير

١١٧٤

AV 1·0 p. ½ Seq. F.

1763

(1171) **Algiers**

Obv. سلطان

مصطفی

Rev. as 1762: but date ١١٧١

AV ·5 p. ¼ Seq. F.

XXVII. 'ABD-AL-ḤAMĪD I.

A.H. 1187—1203 = 1773—1789 A.D.

GOLD

YEAR 1764

(1187) + 16th year of reign.* **Islāmbōl** (**Constantinople**)

Obv. Ṭughrā

Rev. ١٦

ضرب فى

اسلامبول

١١٨٧

AV 3·0 Seq. F.

1765

(1187) + 1 y.r. **Miṣr**

Obv. Formula B: ١ over ابن

Rev. Ṭughrā

عز نصره ضرب فى

مصر سنة

١١٨٧

AV 2·5. Seq. Z.M.

1766

(1187) + 2. **Miṣr**

Like 1765: but ٢ over ابن

AV p.

* From this reign onwards the year of reign is stated on the coinage. To obtain the date, add the y.r. to the accession year and subtract 1 for the accession year itself.

YEAR 1767

(1187)+2. Miṣr

Obv. Like preceding

Rev. السلطان
عبد الحميد بن احمد خان
عز نصره ضرب فى
مصر سنة
١١٨٧

AV BM viii, 731

1768—1770

(1187)+2, 7, 8. Miṣr

Like 1767: but over ابن, ٢, ٧, ٨ respectively

AV 1·2 ½ Seq. Z.M.

1771

(1187)+7. Tripoli

Obv. Formula B: beneath, ٧

Rev. Ṭughrā
ضرب فى
طرابلس
غرب
١١٨٧

AV 2·5 Seq. Z.M. BM viii, 735

1772

1188 Tunis

Obv. سلطان
البرين والبحرين
السلطان عبد الحميد
خان عز نصره

Rev. ضرب فى
تونس
١١٨٨

AV 1·2 p. ½ Seq. Z.M. BM viii, 739

COPPER

YEAR 1773, 1774

1188 **Tunis**

Obv. سلطان
عبد الحميد
خان

Rev. ١١٨٨
ضرب فى
تونس

(Date obliterated on second)

Æ BM viii, 742

XXVIII. SALĪM III.

A.H. 1203—1222 = 1789—1807 A.D.

Islāmbōl (Constantinople)

GOLD

YEAR 1775—1777

(1203) + 6, 8, 9

Obv. Formula B:

٦, ٨ and ٩ respectively over ابن

Rev. Ṭughrā

عز نصره ضرب فى

اسلامبول

١٢٠٣

AV 2·4 two p. Seq. Z.M. BM viii, 755, 756

1778

(1203) + 15

Like 1775: but ١٥ over ابن

AV 1·2 p. ½ Seq. Z.M.

1779

(1203) + 18

Obv. Ṭughrā

Rev. ١٨

ضرب فى

اسلامبول

In border, beneath, ١٢٠٣

AV 3·3. Seq. F.

YEAR 1780

(1203) + 3

Like 1779 : but

above rev. ٣, beneath ١٢٠٣ (not in border)

AV ·8 p. ¼ Seq. F. BM viii, 761

1781

(1203) + 6

Like 1780 : but ٦

AV ·8 p. ¼ Seq. F. BM viii, 767

1782

(1203) + 13

Like 1780 : but ١٣, above عز نصره

AV ·5 twice p. ¼ Seq. F. BM viii, 771

1783

(1203) + 15

Like 1780 : but ١٥, above عز نصره

AV ·5 p. ¼ Seq. F.

SILVER

1784—1787

(1203) + 2, 4, 5, 8.

Like 1779

AR 24·5 Altmishlik* BM viii, 790

1788—1794

(1203) + 3, 4, 11, 13 (2 examples), 14 (2 ex.)

Like 1779

(all but 1788 and 1792 are pierced ;

1793—4 are *concave*)

AR 9·8—11·7 Piastre (1789) BM viii, 793

* On the denominations of 'Othmānlī silver coins, see the *Catalogue of Oriental Coins in the British Museum*, vol. viii., Introduction.

Miṣr

GOLD

YEAR 1795

(1203)+1.

Obv. Formula B: اس over ابن

Rev. Ṭughrā

عز نصره ضرب فى

مصر سنة

١٢٠٣

AV 2·5 Seq. Z.M. BM viii, 811

SILVER

1796—1823

(1203)+13 (3 ex.), 16 (24 ex.), and one y.r. obliterated.

Obv. Ṭughrā

Rev. ١٣ (etc.)

ضرب فى

مصر

سنة

١٢٠٣

AR 11·5, 12·4, etc. Piastre BM viii, 812

XXIX. MUSṬAFA IV.

A.H. 1222—3 = 1807—8 A.D.

GOLD

YEAR 1824

(1222) + 1. **Constantinople**

Obv. Ṭughrā

Rev.

ا

ضرب فى

قسطنطينية

١٢٢٢

$A\!\!\!/$ 3·0 Seq. F. BM viii, 827

1825

Like 1824, save size

$A\!\!\!/$ ·7 p. $\frac{1}{4}$ Seq. F.

SILVER

1826

(1222) + 1. **Miṣr**

Obv. Ṭughrā

Rev.

ا

ضرب فى

مصر

سنة

١٢٢٢

Æ 10·0 Piastre

XXX. MAḤMŪD II.

A.H. 1223—1255 = 1808—1839 A.D.

Constantinople

GOLD

(I)*

YEAR 1827—1833

(1223) +5 (2†), 6 (2), 8 (2), 11

Obv. Ṭughrā

Rev. ٥ (٦, ٨, or ١١)

ضرب فى

قسطنطينية

١٢٢٣

AV ·8 2 p.; 1 ringed ¼ Seq. F. BM viii, 847, 849, 850, 853

1834, 1835

(1223) + 13, 14

Same: but above rev. عز نصره

¼ AV BM viii, 855, 856

(II)

1836, 1837

(1223) + 10, 11

Like 1827: but wavy borders

AV 4·7 Double Seq. Z.M. BM viii, 861, 862

* The Roman numerals refer to the order of Types in the *Catalogue of Oriental Coins in the British Museum*, vol. viii., where the various denominations of the coins are also distinguished.

† The number in ( ) parentheses shows how many coins there are of each regnal year.

(III)

YEAR 1838—1841

(1223) + 14 (2), 15 (2)

Obv. centre Ṭughrā

Margin Formula B: at end ط

Rev. centre ١٤ (١٥)

ضرب فى

قسطنطينية

١٢٢٣

Margin السلطان محمود خان ابن السلطان عبد الحميد خان دام ملكه

AV 2·1 three p. Seq. Z.M. BM viii, 873, 874

(III, Transition:)

(*Dār-al-khilāfa-l-'alīya*)

1842—1844

(1223) + 15, 16 (2)

Obv. Ṭughrā, at right عدلى

Rev. ١٥(١٦)

ضرب فى

دار الخلافة

العلية ١٢٢٣

AV 1·5 three p. Sequin BM viii, 875, 876

(III A)

1845

(1223) + 19

Obv. centre

Ṭughrā, at right عدلى

Margin سلطان سلاطين زمان عدلى محمود خان

YEAR

Rev. centre ١٩

ضرب فى

قسطنطينية

١٢٢٣

المحروسة

A' 1·5 Seq. BM viii, 883

(IV)

1846—1873

(1223) + 21 (10), 22 (2), 23 (5), 24 (8), 25 (3)

Obv. centre

Ṭughrā, at right عدلى

Margin in *cartouches* سلطان سلاطين زمان

Rev. centre ٢١ (etc.)

ضرب فى

قسطنطينية

١٢٢٣

A' 1·7 all p. but two; four ringed Seq. BM viii, 898—902

1874

(1223) + 22

Like 1846

A' ·8 p. ½ Seq. BM viii, 905

1875, 1876

(1223) + 25, 27

Like 1846 : but zigzag border

A' ·3 one p. ¼ Seq. BM viii, 910, 912

(V)

YEAR 1877—1888

(**1223**) + 26, 27 (4), 28 (2), 29 (4), 32

Like 1846 : but

no obv. marginal inscr. ; wreath borders

AV 1·5 all p. ; one ringed Seq. BM viii, 913—919

1889—1894

(**1223**) + 28 (2), 29 (2), 30, 31

Like 1877

AV ·7 four p. ½ Seq. BM viii, 922—5

SILVER

(II)

1895—1899

(**1223**) + 17 (2), 18, 20, 21.

Obv. Formula B:

١٧, ١٨, ٢٠, ٢١ over ابن, respectively

Rev. السلطان

محمود بن عبد الحميد خان

دام ملكه ضرب فى

قسطنطينية

١٢٢٣

AR 5·6 all p. Piastre Cf. BM. viii, 947

1900—1904

(**1223**) + 18, 19, 20 (2), 21

Like 1895 : ١٨, ١٩, ٢٠, ٢١ over ابن respectively

AR 2·7 all p. Yigirmi-paralik BM viii, 948

(IV)

YEAR 1905

(1223) + 23

Like 1846 : but no obv. marginal inscr.

AR 2·8 Piastre BM viii, 953

1906—1913

(1223) + 24, 25 (2), 27, 28 (2), 30 (2)

Like 1905

AR 1·6 one p. Yigirmi-paralik BM viii, 957-962

1914

(1223) + 30 Like 1905

AR ·8 On-paralik

Baghdād

Governor, Sa'īd Pāshā

COPPER

1915

1231 Obv., within octogram

سعيد
باشا

Rev.

ضرب فى
بغداد
١٢٣١

Æ BM viii, 960

Miṣr (Cairo)

GOLD

OLD ISSUE

(I)

YEAR 1916

(1223) + 13

Obv. Formula B : ١٣ over ابن

Rev. ضرب فى
مصر
١٢٢٣

AV 2·4 p. Seq. Z.M.

1917—1926

(1223) + 13 (5); 14 (3), 19, one obliterated .

Like 1827 : but mint مصر

AV ·6 all p. ¼ Seq. Z.M. Cf. BM viii, 977

(IV)

1927—1999

(1223) + 21 (16), 22 (16), 23 (14), 24 (8), 25 (11), 26 (6), 27, 28.

Like 1846 : but mint مصر

AV ·8 62 of the 73 are pierced ¼ Seq. Z.M. BM viii. 978, 979

(V)

2000—2002

(1223) + 21, 22, 24

Like 1827 : but مصر ; wreath borders

AV ·4, ·7 one p ¼ Seq. Z.M. BM viii, 980, 981

S S

YEAR 2003—2009

(1223) + 28, 29 (6)

Like 2000: adding عدلی on obv.; wreath varied

AV ·7 four p. ¼ Seq. Z.M. BM viii, 992

NEW ISSUE

2010

(1223) + 30

Obv. Ṭughrā, with عدلی; beneath شرشا

Rev. ضرب فی
مصر
١٢٢٣

AV 8·3 100 Piastres

2011, 2012

(1223) + 31, 32

Like 2010: but شرشا; and y.r. ٣١, ٣٢

AV 1·6 20 Piastres BM viii, 983, 984

SILVER

OLD ISSUE

(1)

2013

(1223) + 19

Like 1827: but mint مصر

AR ·8 p. Pāra Cf. BM viii, 966*

(II)

YEAR 2014—2078

(1223) + 21 (12), 22 (25), 23 (16), 24 (4), 25 (3), 27, and obliterated (4)

Like 2013

AR 3·1 34 of the 65 p. Yigirmi-paralik BM viii, 987

2079—2082

(1223) + 21, 23, 26, and one obliterated

Like 2013

AR ·5 all p. Pâra BM viii, 988

Tunis

SILVER

2083

1250

Obv. سلطان البرين
وخاقان البحرين
السلطان محمود
خان عز نصره

Rev. ضرب فى
تونس
١٢٥٠

AR 11·0 Double piastre?

2084

1251 Like 2083

AR 11·6

XXXI. ʻABD-AL-MAJĪD

A.H. 1255—1277 = 1839—1861

Constantinople

OLD ISSUE

GOLD

YEAR 2085, 2086

(1255) +1, 2

Obv. Ṭughrā

Rev. ضرب فى (٢)١

قسطنطينية

١٢٥٥

Ꞥ 1·1 both p. Sequin BM viii, 1046

2087, 2088

(1255) +1 Like 2085

Ꞥ ·8 both p. ½ Seq. BM viii, 1048

SILVER

2089

(1255) + 4

Like 2085 : but ٤

Æ 3·3 p. Altmishlik

2090—2096

(1255) +2 (2), 3 (2), 4 (3)

Like 2085, save years of reign

Æ 1·2 Yigirmi-paralik BM viii, 1052[b], 1053

NEW ISSUE

GOLD

YEAR 2097

(1255)+9

Obv. Ṭughra, above 7 stars:

beneath سنة ٩, quivers, and laurel branches

Rev. عز نصره
ضرب فى
قسطنطينية
١٢٥٥

AV 3·6 50 piastres

2098

(1255)+22

Like 2097: but سنة ٢٢

AV 1·7 25 piastres

Miṣr (Cairo)

NEW ISSUE

GOLD

2099—2115

(1255)+1, 3 (3), 4, 5, 6, 7, 8, 9, 10, 12, 13, 14, 15, 16, 17

Obv. Ṭughrā: beneath شرت ١٠٠

Rev. ١(etc.)
ضرب فى
مصر
١٢٥٥

AV 8·5 100 piastres BM viii 1106

2116

(1255)+12

Like 2099: but شرت ٢٥

AV 2·1 25 piastres

YEAR 2117—2134

(1255)+2, 3 (2), 4 (3), 7, 8 (2), 12 (3), 13, 14, 16, 18, and obliterated (2)

Obv. Ṭughrā: beneath ش

Rev. like 2099, save years of reign

N ·4 5 piastres BM viii. 1108—1111

SILVER

2135

(1255)+18 Like 2099:

but beneath Ṭughrā, ب ; ١٨ above rev.

R ·3 5 pāras

COPPER

2136

(1255)+7 Like 2099:

but beneath Ṭughrā, ب ; ٧ above rev.

Æ 5 pāras

Tunis

(MOḤAMMAD BEY)

NEW ISSUE

GOLD

2137

1272

Obv. within wreath

السلطان
الغازى عبد
المجيد خان

YEAR

Rev. within wreath

محمد
مدة
بتونس
ت ٥٠
١٢٧٢

AV 9·5 50 kharrūbas BM viii, 1133

2138

1276 Like 2137 : but beneath rev. ت ٢٥ ١٢٧٦

AV 4·9 25 kharrūbas

SILVER

2139

1267 Obv. within wreath

السلطان
عبد
المجيد
خان

Rev. within wreath

ضرب فى
تونس
١٢٦٧

AR 15·9 Double piastre ?

XXXII. 'ABD-AL-'AZĪZ

A.H. 1277—1293 = 1861—1876 A.D.

Miṣr (Cairo)

GOLD

YEAR 2140—2154

(1277)+2, 4, 5, 6, 7, 8, 9, 10, 11 (2), 12, 13, 14, 15, 16

Like 2099 : but

Ṭughrā of 'Abd-al-'Azīz, and beneath rev. ١٢٧٧ ; years of reign from ٢ to ١٦

AV 8·4 100 piastres

Tunis

(MOḤAMMAD BEY AL-ṢĀDIḲ)

GOLD

2155

1281

Obv. within wreath

السلطان

عبد العزيز

خان

Rev. محمد

صدة

الصادق

بتونس

ريال ١٠٠

١٢٨١

AV 19·5 100 kharrubas

YEAR

2156

1281

Like 2155 : but beneath rev. تث
١٢٨١

N 1·9 10 kharrūbas BM viii, 1183

2157

1281

Like 2155 : but beneath rev. تث
١٢٨١

N ·9 5 kharrūbas

BRONZE

2158

1281

Like 2155 : but above rev. ٢, beneath ١٢٨١

Æ 2 akchas BM viii, 1187

XXXIII. MURĀD V.

A.H. 1293 = 1876 A.D.

Miṣr (Cairo)

GOLD

YEAR	2159, 2160
(1293) + 1	Like 2099 : but Ṭughrā of Murād V., and beneath rev. ١٢٩٣
	AV 8·5 100 piastres

XXXIV. 'ABD-AL-ḤAMĪD II.

A.H. 1293 = 1876 A.D.—*regnant*

Miṣr (**Cairo**)

GOLD

YEAR	2161, 2162
(1293) + 12	

Obv. Ṭughrā: beneath شنا

Rev. ١٢

ضرب فى

مــصــر

١٢٩٣

Floral borders

A' 8·5 100 piastres

THE KHALĪFA OF THE SŪDĀN, 'ABD-ALLAH

SILVER

YEAR 2163—2166

1310 Omdurmān

Obv. مقبول in Ṭughrā form

Beneath, ش ٢٠

Wreath beneath, and sprig and cinquefoils above

Rev. ضرب فى
امر درمان
١٣١٠

Enclosed in wreath; above, cinquefoils

AR (base) 20·4 20 piastres

2167—2170

1311 Omdurmān

Obv. عملة جديدة in Ṭughrā form

Beneath, ١١ سنة

Borders of stars, waves, roses, etc.

Rev. عز نصره
ضرب فى
امر درمان
١٣١١

Borders as obv.

AR (base) 20·5 20 piastres

2171

1311 Omdurmān

Same as 2167: but Mahdīya year ١٢ سنة

AR (base)

VARIOUS DYNASTIES

SPAIN AND NORTH AFRICA

OMAYYADS OF CORDOVA

[I. 'Abd-al-Raḥmān I.]* AR Mint, Al-Andalus. A.H. **152**, 153, 161, 166 (two examples)†

[II. Hishām I.] AR Al-Andalus, 173

[III. Al-Ḥakam I.] AR Al-Andalus, 185, 196, 197, 201

[IV. 'Abd-al-Raḥmān II.] AR Al-Andalus, **207**, 220, **221**, 231 (2 ex.), 235

[V. Moḥammad I.] AR Al-Andalus, 241 (2 ex.), 244 or 247, **246**, 263

VIII. 'Abd-al-Raḥmān III. AR Al-Andalus, 333, 335; Madīnat-al-Zahrā, 33x, 339, 345, 349

IX. Al-Ḥakam II. AR Madīnat-al-Zahrā, 354 (رابع)

X. Hishām II. AR Al-Andalus, 381, 388, 393

XII. Sulaymān. AR Al-Andalus, **405**. Like BM ii, 132, but beneath obv. مصرح (?)

ḤAMMŪDIDS OF MALAGA

VIII. Moḥammad al-Mahdī. AR Al-Andalus, [4]40, [4]43. BM ii, 153, and Add. 147[d]

* As in the case of the Eastern Omayyad Caliphs, the names of the Omayyad Amīrs of Spain do not appear upon their coinage, until the reign of 'Abd-al-Raḥmān III., who was the first to style himself "Khalīfa."

† All these and the following coins of the Omayyads are also in the British Museum Catalogue, except those of A.H. 152, 207, 221, 246, and 405, distinguished by *thicker type*; and these, except the last, are published in Vives, *Monedas de los Dinastías Arábigo-españolas*, nos. 50, 123, 159, and 254.

HUDIDS OF ZARAGOZA

II. Aḥmad I. Æ Zaragoza (Saraḳusṭa), year obliterated. BM ii, 161

KING OF DENIA

II. Iḳbāl-al-Dawla 'Alī. Æ Denia, year obliterated (Cp. Vives, 1312)

IDRĪSIDS OF MOROCCO

I. Idrīs I. Æ Tudgha, 174. BM ii, 183

II. Idrīs II. Æ Walila, 1xx. BM ii, 186

AGHLABIDS AND FĀṬIMIDS

See above, pp. 125—131 and 147—199

CALIPH OF SIJILMĀSA

Al-Shākir li-llāh AV No mint, **345**

Obv.
عبد الله
لا الـه الا
الـلـه وحـده
لا شريك له
امير المؤمنين

Margin obscure

Rev.
الامام
محـــمـد
رســـول
الـــلـه
الشاكـر
لله

Margin بسم الله ضرب هذا الدينر سنة خمس واربعين وثلثمائة

MURĀBIṬS (ALMORAVIDES)

II. Yūsuf b. Tāshfīn. AV Sijilmāsa, **471**. Like BM v, 4, save mint and date.*

* The earliest known coin of Yūsuf. The series in Vives begins at A.H. 480, the BM at Sijilmāsa, 484, the St. Petersburg Hermitage at Sijilmāsa, 481. Yūsuf must have struck this coin as governor under Abū-Bakr (cf. BM v, p. 3, note *).

III. 'ALĪ AV Seville, 519. BM v, 21
Granada, **520**. VIVES, 1620
Almeria, 522, 523. BM v, 31, 34
AR Without mint or date. VIVES, 1700

Anonymous. AV No mint, **540**. Like VIVES, 2001, except date.

MUWAḤḤIDS (ALMOHADES)

I. 'ABD-AL-MU'MIN. AV Fez (Fās), no date. BM Add. v, 84[d]

II. ABŪ-YA'ḲŪB YŪSUF I. AV No mint or date. Three coins. BM v, 89, 90, 97

III. ABŪ-YŪSUF YA'ḲŪB. AV No mint or date. Like BM v, 100

XII. ABŪ-ḤAFṢ 'OMAR. AV Ceuta (Madīna Sabta), no date. BM v, 108

Anonymous. AR No mint or date. Twelve coins. BM v. 121 (without mint), varied; one with mint, Tilimsān, BM v, 122

LATE GRANADA

Anonymous. AR Granada (Gharnāṭa), no date. Two coins. BM ii, 181. — Madīna Gharnāṭa, no date. BM Add. ii, 182[f]

ḤAFṢID OF TUNIS

II. ABŪ-'ABDALLĀH MOḤAMMAD. AV No mint or date. Like BM v, 158, but rev. margin, الامير الاجل ابو | عبدالله محمد بن | الامير ابى زكريا بن | ابى محمد بن ابى حفص

MARĪNID

VIII. ABŪ-RABĪ' SULAYMĀN. AV Tilimsān, no date. P ii, 987

MOORISH ANONYMOUS

AV No mint or date. BM v, 224

AV Mint and date obliterated. Like BM v, 205; but obv. area different, margins obliterated

AV No mint or date. P ii, 1036

AV No mint or date; worn and illegible

FILALI SHARIFS

II. Ismā'īl. AV Fez, **1115**. Like BM v, 265, save date, سنة خمسة عشر ومائة والف

AV Fez, date obliterated. Two coins. Like BM v, 265

VIII. Sulaymān. AV Fez, 1218. BM v, 319

IX. 'Abd-al-Raḥman. AV Fez, 1248. BM v, 328

'Abd-al-Ḳādir. Æ Tāḳdamt, 1255. BM Add. v, 352[e]

Æ Tāḳdamt, 1256. BM Add. v, 352[1]

PERSIA, ETC.

DULAFID

V. 'OMAR B. 'ABD-AL-'AZÎZ. AV Hamadhān, 281. BM Add. ii, 429pp

SĀMĀNIDS*

II. ISMĀ'ĪL B. AḤMAD. AR Andarāba, 290 (omitting سنة and ر of الدرهم)

Samarḳand, 283, **284**, 286, 287, 288, **289** (Caliph Al-Mu'taḍid), 291

Al-Shāsh, **280**,† 282 (beneath obv. بنكث), 28x,‡ 283, 284, 285, 286 (two coins), 287, 288 (two), 289 (two§), 290 (two), **291** (beneath obv. ابو الحسين ولى الدولة الوزير), 292, 293, 294 (two)

Naysābūr, 293, 294

III. AḤMAD B. ISMĀ'ĪL. AR Andarāba, **300** (beneath obv. ابو نصر)

Al-Biyār, 298

Samarḳand, 295, **296**,|| 297, 300

Al-Shāsh, 295, 296, **297**, 299, 301

Naysābūr, 298

(Usurper) ISḤĀḲ B. AḤMAD. AR Samarḳand, **301**. Beneath rev. اسحق بن احمد (instead of احمد بن اسمعيل)

* Those coins which are not in the BM Catalogue are distinguished by thicker type; only remarkable varieties are fully described here.

† Without name of Ismā'īl, only that of Caliph; but clearly a Sāmānid issue.

‡ With بخ بخ beneath obv., and اسمعيل beneath rev.

§ One with Caliph al-Mu'taḍid, the other with al-Muktafī.

|| Caliph al-Muḳtadir.

(Usurper) MĪKĀ'ĪL B. JA'FAR. AR Al-Shāsh, **306.** Beneath rev. ميكايل بن جعفر (instead of نصر بن احمد)

IV. NAṢR II. B. AḤMAD. AV Al-Moḥammadīya, 315. BM Add. ii, 293p

AR Andarāba, **302,** 305 (two coins: beneath obv. احمد بن سهل ; and on rev., س beneath نصر بن احمد)

Balkh, 312

Samarḳand, 302 (two), 303, 304, 305 (two), 306, 307, 308, 309, 310 (two), 311, 312, 318, 325 (beneath obv. ح), 326, 328, 331 (عع), 3x2

Al-Shāsh, [**30**]**1,** 303, **306, 311, 314,** 315 (two), 316, 317, **321,** 324, 325?

Naysābūr, **314** (beneath obv. ـصـيــد ?), 321

Mint and date illegible

V. NŪḤ I. B. NAṢR. AR Samarḳand, **333** (Caliph, al-Muttaḳī), **334** (above obv. د, beneath عع ; Caliph, al-Mustakfī)

VIII. NŪḤ II. B. MANṢŪR. AV Naysābūr, 384. Beneath obv. سيد الامرا ابو على BM ii, 418

IX. MANṢŪR B. NŪḤ. AV Naysābūr, **387.*** Above obv. عدل ; beneath, ابو الفوارس

بكتوزن

Beneath rev. الطابع لله

الملك المشدد†

منصور بن نوح

* A similar dīnār is at Copenhagen. The name of the Ḥājib Begtūzun occurs also on a copper coin of Bukhārā, 385, in the Musée Asiatique at St. Petersburg, and on a gold coin of Naysābūr, 389, in the collection of M. de l'Ecluse.

† This is the only known instance on a coin of this title, "The King fortified [by God]."

GHAZNAWIDS

VII. MAḤMŪD. AV Mint and date obliterated. BM Add. ii, 458[k]

AV Naysābūr, **400**

AR Naysābūr, **397** (Caliph, al-Ḳādir beneath obv.; beneath rev. يمينى)

AR Mint obliterated, 39*x* (above obv. عز; beneath القادر بالله; at right س ا يمينية)

IX. MAS'ŪD. AV Al-Biyār, **426**. Above obv. عدل; beneath القائم بامر الله. Above rev. لله; beneath
ناصر دين الله
ابو سعيد

AMĪR AL-UMARĀ

BAJKAM. AR Madīnat-al-Salām, 329. BM Add. ii, 616[t]

BUWAYHIDS

MU'IZZ-AL-DAWLA. AV Madīnat-al-Salām, **349**. Two coins (Wt. 4·54, 4·17). Like BM ii, 638, save date

'IZZ-AL-DAWLA. AV Madīnat-al-Salām, **358** (Wt. 4·25), **360** (Wt. 4·32), both like BM ii, 653, save date, and above obv. • ه ع; 363 (Wt. 4·05), BM Add. ii, 653[b], but above obv. سه

'AḌUD-AL-DAWLA. AV Sūḳ-al-Ahwāz, 368 (Wt. 4·26), **369** (Wt. 4·65), **370** (Wt. 3·70). Like BM ii. 655

AR Bardasīr, **362***

Obv. like BM ii, 663; but above سه, beneath ٥; and no outer margin

* Compare a coin of Mr. Leggett's described in LANE-POOLE, *Essays in Oriental Numismatics, 3rd Series, Private Collections*, 26. Shīr Zayd was the name of Sharaf-al-Dawla, who acted as his father's viceroy.

Rev. لله

محمد رسول الله

المطيع لله

الامير العدل

عضد الدولة ابو شجاع

شير زيد بن عضد

الدولة

Margin: Prophetic Mission

SHARAF-AZ-DAWLA *N* Al-Baṣra, **376**

Obv. عدل ط

لا اله الا الله

وحده لا شريك له

الملك ابو الفوارس

بن عضد الدولة

وتاج الملة

Margin: Mint and date; no outer margin visible

Rev. لله

محمد

رسول الله

صلى الله

عليه وسلم

الطائع لله

Margin: Prophetic Mission

BAHĀ-AZ-DAWLA. *N* Madinat-al-Salām, 403 (Wt. 2·81), 404 (two coins, Wts. 3·32, 2·80 p.). BM ii, 679, 680

ḤASNAWAYHID

Badr *N* Sābūr-Khuwāst, **397***

Obv. ب ح

لا اله الا الله

وحده لا شريك له

القادر بالله

بدر بن حسنويه

Margin (*sic*) بسم الله ضرب هذا الدينار بسابر

خواست سنة سبع وتسعين وثلث مائة

Rev. لله

محمد رسول الله

مجد الدولة

وكهف الامة

ابو طالب

ابريز

Margin: Prophetic Mission

* See E. T. Rogers in *Numismatic Chronicle*, II., xi., 258-63.

SYRIA AND MESOPOTAMIA

(ARAB PERIOD)

ḤAMDĀNIDS

NĀṢIR- and SAYF-AL-DAWLA. AV Madīnat-al-Salām, 331. BM Add. iii, 2s

AR Naṣībīn, 330. BM iii, 4

AR M.-al-Salām, 331 (2 ex.). Similar. BM iii, 5

AR Al-Mōṣil, **332**; and 349. BM iii, 11

ABŪ-L-MA'ĀLĪ and ABŪ-L-ḤASAN.* AR Probably Madīnat-al-Salām, year obliterated

Obv. لا اله الا الله
وحده لا شريك له
ابو المعالى و
ابو الحسن ابنا
[سيف] الدولة

Margin .... هذا الدرهم بمد ......

Rev. محمد رسول
الله صلى الله عليه
وعلى اله الامام
المنصور ابو على
الحاكم بامر الله
امير المؤمنين
Margin obliterated

* This remarkable coin shows the allegiance of the last Ḥamdānids to the Fāṭimid Caliph.

ḲARMAṬID* (Carmathian)

AL-ḤASAN B. AḤMAD Ꜹ Filasṭīn, **361**, **362** (both pierced)

Obv. لا اله الا الله
وحده
لا شريك له
السادة
الروسا

Margin 1 بسم الله ضرب هذا الدينار بفلسطين سنة احدى وستين وثلث مائة

2 لله الامر الخ

Rev. لله
محمد رسول الله
صلى الله عليه
وعلى آله
المطيع لله
الحسن بن احمد

Margin: Prophetic Mission

(The dīnār of 362 has السيد الرئيس instead of السادة الروسا, and الدينر instead of الدينار, and اثنين)

MIRDĀSID†

I. SĀLIḤ B. MIRDĀS. Ꜹ Aleppo (Madīnat Ḥalab), **417**

Obv., in three circles:

1 لا اله الا الله محمد رسول [ا]لله على و (*sic*)

2 الامير اسد الدولة ومقرها وناصحها ابو على صالح بن مرداس

3 بسم الله ضرب هذا الدينر بمدينة حلب سنة سبع عشر واربع مائة

* See LANE-POOLE in *Numismatic Chronicle*, II., xix., 74-6.
† See SAUVAIRE, *ibid.*, II., xiii., 335-41.

Rev., in three circles,

1 (*sic*) الامام الظاهر لاعزاز دين الله امير المؤ

2 الامير ابو علوان ثمال بن الامير اسد الدولة

3 محمد رسول الله ارسله الخ

Centre الله

ʻOḲAYLID

Moḥammad b. Ṣafwān *N* Ḳarḳīsīyā, 275 *

Obv.

لا الـــه الا

الـلـه وحـده

لا شـريـك لـه

المفوض الى الله

محمد

Margin 1 (*sic*) بسم الله ضرب هذا الدينر بقرقيسياه

سنة خمس وسبعين ومائتين

2 لله الامر الخ

Rev.

لله

مـــحـــمـــد

رســــــــول

الـــلـــه

المعتمد على الله

احمد بن الموفق بالله

محمد بن صفوان

Margin : Prophetic Mission

* For Moḥammad b. Ṣafwān, see Kay, *Oḳaylīs*, 13; Al-Ṭabarī, iii. 2028; Ibn-al-Athīr, vi. 396, vii. 276. The Moḥammad on the obverse is Ibn-Abī-*l*-Sāj, the overlord: see above, p. 90, no. 640.

MARWĀNIDS

I. AL-ḤASAN. Æ Mayyāfāriḳīn? (س.....), 385. Like BM iii, 48

II. MUMAHHID-AL-DAWLA. Æ Mayyāfāriḳīn, **394**, with name of Bahā-al-Dawla (Buwayhid) on rev.

III. NAṢR-AL-DAWLA. Æ Mayyāfāriḳīn, **407**

Obv. *Kalima*; beneath

نصر الدولة
ابو نصر
محمد

Rev. محمد رسول الله
صلى الله عليه وسلم
القادر بالله
الملك شاهانشاه
ابو شجاع

Æ Al-Kafr (بالكفر), **410**. As preceding, but omitting محمد beneath obv., and adding د beneath rev.

SELJŪḲ DYNASTIES

GREAT SELJŪḲS

I. Ṭughril Beg. AV Al-Ahwāz, 448. BM iii, 58

AV Madīnat-al-Salām, **448**

II. Alp-Arslān. AV Naysābūr, **457**. Nearly similar to BM iii, 60

VII. Moḥammad. AV M.-al-Salām, **501**,* **505**. **513** (Caliph al-Mustarshid)

SELJŪḲS OF KIRMĀN†

V. Tūrān-Shāh. AV Bardasīr, **474**. **480**, **481**. and one obliterated

Obv. لا اله الا الله
وحده لا شريك له
المقتدى بامر الله
معز الدنيا والد
ين

Margin 1 Mint and date

2 لله الامر الخ

Rev. م
محمد رسول الله
صلى الله عليه
فخر الدين والدولة
تورانشاه بن قرا ار
سلان بك

Margin محمد رسول الله ارسله الخ

* A similar coin is preserved in Mr. Calvert's collection. See Lane-Poole, *Essays in Or. Numismatics, 3rd Series, Private Collections*, 11.

† See the same.

SELJŪḲS OF AL-'IRĀḲ

IV. Mas'ūd. AV Damascus, **536**. Like BM iii, 88, but mint and date in outer obv. margin; and rev. area الامام | امير | المؤمنين Outer rev. margin, the Prophetic Mission

AV Mint and date obliterated (2 ex.)

Obv. *Kalima* in three lines; beneath,

المقتفى لامر الله

Rev.

محمد
بن

محمد رسول الله
السلطان الاعظم
ابو الحرث سنجر
السلطان المعظم
مسعود

Margins obliterated

AV Mint and date obliterated (3 ex.)

Obv. as preceding

Rev.

مسعود
محمد
رسول الله
السلطان
الاعظم
سنجر

(on left, vertically) السلطان (on right, vertically) المعظم

Margins obliterated

AV (2 ex.) Similar to preceding, but last lines of rev.,

السلطان الاعظم
ابو الحرث سنجر
مسعود

Above obv. صدق Above rev. محمد بن

AV Mint and date obliterated; names and titles of Sinjar and Mas'ūd.

VII. SULAYMĀN SHĀH. AV [554-5]*

Obv. as preceding, same Caliph ; above عدل

Rev. ملك •
محمد رسول الله
السلطان الاعظم
ابو الحرث سنجر
سليمان شاه

Margins nearly obliterated

AV Similar: but rev. arranged as on second type of Mas'ūd, but سليمان at left, شاه at right

SELJŪḲS OF RŪM

VIII. SULAYMĀN II.	Æ	Rasht, 598 (2 ex.) BM iii, 108
XI. KAY-ḲUBĀD I.	AR	Ḳayṣarīya, 617. BM iii, 127
	AR	Ḳōniya, 619. BM iii, 134
	AR	Sīwās, 623. BM iii, 142
	AR	Ḳōniya, 625. BM iii. 155
XII. KAY-KHUSRŪ II.	AV	Ḳōniya, **635**
	AR	Sīwās, 634, 635. BM Add. iii, 185, 186
XIII. KAY-KĀWUS II.	AR	Ḳōniya, 644 ? BM iii, 234
SONS OF K.-KHUSRŪ II.	AR	Sīwās, 647 or 9. BM Add. iii, 260⁴
XIV. ḲILIJ-ARSLĀN IV.	AR	Ḳōniya. **660**
	AR	**661**
XV. KAY-KHUSRŪ III.	AR	Sīwās, **667** ; Lulua, **666** ?
XVI. MAS'ŪD II.	AR	687

* The Caliph al-Muḳtafī died in 555, and Sulaymān Shāh began to reign in 554.

ATĀBEGS, ETC.

ORTUKIDS OF KAYFĀ AND ĀMID

VI. Sukmān II.	Æ	594. BM iii, 343
VII. Maḥmūd.	Æ	Al-Ḥisn (Kayfa), 615. BM iii, 349

ORTUKIDS OF MARIDĪN

II. Timurtāsh.	Æ	*x* BM iii, 364
III. Alpī.	Æ	*x* BM iii, 373, 380, 384
IV. Īl-Ghāzī II.	Æ	579, 580 (2 ex.), *x*. BM iii, 388, 389, 392
V. Yūluḳ-Arslān.	Æ	58*x*. BM iii, 399
	Æ	*x* (3 ex.). BM iii, 405
	Æ	589. BM iii, 410
	Æ	589 (2 ex.) BM iii, 412
	Æ	596. BM iii, 417
	Æ	596 (2 ex.) BM iii, 419
VI. Ortuḳ-Arslān.	Æ	*x* BM iii, 427
	Æ	Māridīn, 59[9]. BM iii, 429
	Æ	Māridīn, 599. BM iii, 434
	Æ	Māridīn, 606 (2 ex.) BM iii, 438
	Æ	*x*, 611. BM iii, 442
	Æ	*x*, 620. BM iii, 453
	Æ	[62]3 (2 ex.) BM iii, 455
	AR	Dunaysir, 625 (2 ex.) BM iii, 458
	AR	Kayfa ? [6]28 (2 ex.) BM iii, 465
	AR	Dunaysir, **634**
	Æ	628 BM, iii. 469
	Æ	628 (2 ex.) BM iii, 471

VII. Al-Sa'īd Ghāzī. AR Māridīn, x BM iii, 488

AR Māridīn, 646? with name of Al-NāṣirYūsuf. BM iii, 489

AR 653 or 6, 6x5, similar to preceding

ZANGIDS OF AL-MŌṢIL

III. Ḳuṭb-al-Dīn Mōdūd.

Æ 556 (2 ex.) BM iii, 502

Æ **567**, 569. BM iii, 512

IV. Sayf-al-Dīn Ghāzī II.

Æ Al-Jazīra, 575. BM iii, 521

Æ Al-Jazīra? 575. BM iii, 524

V. 'Izz-al-Dīn Mas'ūd I.

Æ Al-Mōṣil, 585. BM iii, 529

Æ Al-Mōṣil, 586. BM iii, 532

VI. Nūr-al-Dīn Arslān Shāh I.

Æ Naṣībīn, 59[4]. BM iii, 536

VII. 'Izz-al-Dīn Mas'ūd II.

Æ Al-Mōṣil, 607 (7 ex., slightly varied). BM iii, 544 and 538

Æ Al-Mōṣil, 608. BM iii, 558

IX. Nāṣir-al-Dīn Maḥmūd

Æ Al-Mōṣil, 620 (3 ex.) BM iii, 564

Æ Al-Mōṣil, 627 (4 ex.) BM iii, 567

Badr-al-Dīn Lu'lu

AV Al-Mōṣil, 645, 64x, **650**, 656 (the last with the Mongol Mangū's name. Cp. BM iii, 573, 574, 575)

AR 65x, mint obliterated

Æ Al-Mōṣil, 631 (3 ex.) BM iii, 576

Æ Al-Mōṣil. x, [6x]2

ZANGIDS OF SYRIA

I. Nūr-al-dīn Maḥmūd.

AV Al-Ḳāhira (Cairo), **567** (struck by Ṣalāḥ-al-Dīn. Cp. BM iii, 596, 597)

Æ Damascus, **558** (6 ex.) Like BM iii, 601

II. Ismā'īl

Æ Aleppo, date obliterated. BM iii, 604

Æ *x*. Different type

ZANGID OF SINJĀR

II. Ḳuṭb-al-Dīn Moḥammad.

Æ Sinjār, 596 (2 ex.) BM iii, 621

Æ Sinjār, 596 (2 ex.) BM iii, 624

Æ Sinjār, 600. BM iii, 629

ZANGID OF AL-JAZĪRA

II. Mu'izz-al-Dīn Maḥmūd

Æ Al-Jazīra, 606 (2 ex.) BM iii, 646

BEGTIGĪNID OF IRBIL

III. Kūkburī.

Æ Al-Jabal (بالجبل), 587

Æ Irbil, 597. BM iii, 659

Æ Irbil, 5*xx*. BM iii, 655

Æ Irbil, *x*, BM iii, 661

MONGOLS

GREAT ḲAĀN

IV. Mangū. AV Astarābād.

Obv. لا اله الا
الله محمد
رسول الله
Margin obliterated

Rev. استراباد
الخاقان مونككا
العادل قا
الاعظم

Æ Tiflis, **651** or **2**, Jumāda II.

Obv. *Kalima*

Rev. مونككا قا
ان الاعظم
العادل

Date in margin. Cf. BM vi, 3

ĪLKHĀNS OF PERSIA

. Hūlāgū. AV Baghdād, **656** (a doubtful coin)

AR Irbil, **660**, Al-Mōṣil, **663**, 669, BM vi, 21; and 12 ex. obscure

Æ Al-Mōṣil, 664 ? with names of Mangū and Hūlāgū

Æ Irbil, 6*x*1, and two obscure, with Hūlāgū only

II. Abaga AR 66*x*, mint obliterated (9 ex.)

Æ Al-Mōṣil, *x*. BM vi, 52

Æ Mint and date obliterated. BM vi. 58

III. AḤMAD. Æ Mint and date obliterated: usual type

AR Obv.* بسم الاب
والابن وروح
القدس
بابا +

Margin obliterated

Rev. The Khān's name and title in Mongol

IV. ARGHŪN. AR Tabrīz, 683, 686, 68x (3 ex.) *Kalima* on obv.

VII. GHĀZĀN. Æ Khilāṭ, **698** (3 ex.)

VIII. ULJĀITŪ. AV Baghdād, **709**: usual type.

AR 707, 714, etc., mints obscure (7 ex.): and 3 Æ

IX. ABŪ-SA'ĪD. AV Dāmighān, 722

AV Baghdād, 723

AV Khōi, 727

AR Sulṭānīya, Baghdād, Iṣfahān, Ḳazwīn, Kāshān, Erzerūm, Bārān, Yazd, Sinjār, Nakhchuwān, Sāwa, Hamadhān, Ḥaṣr Kaghī; years ranging from 717 to 733, but often illegible (42 ex.)

XII. MOḤAMMAD. AR Hamadhān, 738; Kāshān, 738

XVI. SULAYMĀN. AV Yazd, 741. BM Add. vi, 324p

AR Firīm, 746

ABŪ-ISḤĀḲ. AR Hamadhān, 744; Ḳazwīn, x; and 2 with mint and date obliterated

* This inscription, in the name of the Trinity, is explained by Aḥmad Khān's profession of the Christian religion.

SHĀHS OF PERSIA

ZAND

Karīm Khān. *N* Tabrīz, **1186**, 1187. BM, Persia, 333

ḲĀJĀR

Nāṣir-al-Dīn. *N* Mashhad Muḳaddas, 1268. BM, Persia, 581
N Mint obliterated, **1274**
N Dār-al-mulk Ṭabaristān, **1279** (2 ex.)
R Ṭihrān, **1297** (milled edge)

TRANSOXIANA

MANGIT

Naṣr-Allāh. *N* Bukhārā, 1257, 1275. BM vii, 207, 210

KHOḲAND

Khudāyār. *N* Khoḳand, **1272, 1273, 1274**. Like BM vii, 232

Sayyid Moḥammad. *N* Khoḳand, **1275**. Obv. like BM vii, 239;

Rev. ١٥٢
يله خا
محمد
سيد
بهادر ٧٥

N Khoḳand, **1276** : inscription differently arranged

KĀSHGHAR

[Ya'ḳūb, Atālik Ghāzī] *N* Kashghar, 1291. BM vii, 244

APPENDIX

NORMAN KINGS OF SICILY

A.D.		A.H.
1072	Roger I (Count) conquers Palermo .	464
1101	Roger II (King from 1130) . .	494
1154	William I ("the Bad") . . .	548
1166	William II ("the Good") . . .	561
1189	Tancred	585
—1194		—590

ROGER II.

I. *N* Mint and date obliterated

Obv.

الا الله

وحده لا شريك

لا اله

Rev.

رجار

بامر T الله

Margin obliterated

II. *N* Mint and date obliterated

Obv.

IC | XC

HI | KA

Margin illegible

Rev., in two circles:

Inner الملك رجار المعتز بالله

Outer obliterated

III. AV Madīnat Ṣiḳilīya (i.e. Palermo), 536=A.D. 1141. Same as preceding, but rev. outer margin, ضرب بمدينة صقلية سنة ست وثلثين وخمسمائة

IV. AV Same as preceding, but mint obliterated; date [5]49 =A.D. 1154

V. Æ Palermo, no date

Obv., Centre REX

Margin ROGERIVS

Rev. مالك

بيلرم

WILLIAM I.

VI. Æ Mint and date obliterated

Obv. REX

W

Margin illegible

Rev. obliterated

VII. Æ Mint and date obliterated

Obv. الملك

غليام

Margin illegible

Rev. بالله

المستعين

WILLIAM II.

VIII.—X. Æ No mint or date

Obv. Lion's head

Rev. الملك
غليام
الثانى

LATIN KINGDOM OF JERUSALEM

XI.—XIII. AV Acre, 1245 A.D. = 642 A.H.

Obv. الاه
واحد

Margin obscure, divided by crosses

Rev. In centre, cross;

Around, ضرب بعكا سنة الف ومأتين وخمس

XIV.—XVII. AV Similar, but margins illegible

ADDENDA*

'ABBĀSID CALIPHS

XV. AL-MU'TAMID. *AV* Miṣr, 264. Like 620, omitting ح

XVII. AL-MUKTAFĪ. *AV* Miṣr, 295. Like 629

XVIII. AL-MUKTADIR. *AV* Miṣr, 297. Like 647

AV Miṣr, 298. Like 642. P. i, 1136

* The following coins were acquired after the greater part of the Catalogue was printed.

I.—INDEX OF PERSONS*

ABĀGĀ, 346.
'Abbād, 65.
-'Abbās, 64, 66.
-'Abbās, Abū-l-, b. Amīr-al-mu'manīn [-Rāḍī], *90-96.*
-'Abbās (b. -Musta'īn), *80.*
'ABBĀSID CALIPHS, 27-108, 117-23, 352.
'Abd-al-'Azīz ('Othmānlī), 320, 321.
'Abd-al-'Azīz ['Omar].
'Abd-al-Ḥamīd (I., 'Othmānlī), 301-3.
'Abd-al-Ḥamīd (II., 'Othmānlī), 323.
'Abd-al-Ḳādir, 330.
'Abd-Allāh (I., Aghlabīd), 127.
'Abd-Allāh (b. -Mu'tazz), *81.*
'Abd-Allāh b. Sa'īd, 46.
'Abd-Allāh, Abū, [-Mu'tazz, *78*].
'Abd-al-Majīd ('Othmānlī), 316-19.
'Abd-al-Malik (Omayyad), 110.
'Abd-al-Malik b. Marwān, 114, 115.
'Abd-al-Malik b. Yazīd, 117.
'Abd-al-Mu'min (Almohades), 329.
'Abd-al-Raḥmān (III., Omayyad of Cordova), 327.
'Abd-al-Raḥmān (Sharīf), 330.

* Only names which occur on the coins are given in this index; names of Caliphs which are inferred from the dates must be sought in the Table of Contents. The name or title most commonly employed is selected, but cross-references [in square brackets] are given from other names likely to be looked for. Names and numbers of heirs, wazīrs, governors, overlords, etc., are printed in *italic* type. The figures refer to the pages of this volume, not to the numbers of the coins. *b.* signifies *ibn*. A hyphen before a name represents the article *al*.

Abū-l-Ḥasan (Ḥamdānid), 336.
Abū-l-Ma'ālī (Ḥamdānid), 336.
Abū -Sa'īd, 347.
-'Āḍid (Fāṭimid), 199.
-'Ādil (I., Ayyūbid), 213-218, 221.
-'Ādil (II., Ayyūbid), 226.
-'Ādil Tūmān-Bāy (Mamlūk), 277.
'Aḍud-al-dawla (Buwayhid), 333.
AGHLABIDS, 124-131.
Aḥmad (Aghlabid), 130.
Aḥmad (Hūdid), 328.
Aḥmad (Ilkhān), 347.
Aḥmad (II., 'Othmānlī), 294.
Aḥmad (III., 'Othmānlī), 295.
Aḥmad b. Sahl, 332
Aḥmad (Sāmānid), 331.
Aḥmad b. Ṭūlūn, 135, 136.
Aḥmad [-Muẓaffar].
-*Afshīn, b. [Fatḥ].*
'Alī, 48, 55.
'Alī (Murābiṭ), 329.
'Alī b. Aybak [-Manṣūr].
'Alī b. Baraka, 55.
'Alī b. -Ḥajjāj, 121.
'Alī [Iḳbāl-al-dawla].
'Alī b. -Ikhshīd, 145.
'Alī b. 'Isā ('Alid), *54.*
'Alī Bey (Egypt), 299, note.
'Alī Naṣr (-Nāṣir), 61.
'Alī, Abū-, 332.
ALMOHADES, 329.
ALMORAVIDES, 328-9.
Alp Arslān (Seljūḳ), 340.
Alpī (Ortuḳid), 343.
'Amīd-al-dawla (-Ḥusayn b. -Ḳāsim), *94.*
-Amīn Moḥammad ('Abbāsid), *50, 52, 53, 56, 57, 58, 59, 60, 61*, 62, 64, 122.

-Āmir (Fāṭimid), 188-192.
Amīr al-Umarā, 333.
'*Amr, b.* [*Hishām*].
Arghūn, 347.
Arslān Shāh (I., Zangid), 344.
-Ashraf Bars-Bāy (Mamlūk), 269.
-Ashraf Inal (Mamlūk), 272.
-Ashraf Ḳāït-Bāy (Mamlūk), 274-5.
-Ashraf Ḳānṣūh al-Ghūrī (Mamlūk), 277-8.
-Ashraf Khalīl (Mamlūk), 251-2.
-Ashraf Sha'bān (Mamlūk), 261-2.
'*Āsim, b., 116.*
Aybak [-Mu'izz].
-'Azīz (Fāṭimid), 158-162.
-'Azīz Moḥammad (Ayyūbid), 233-4.
-'Azīz 'Othmān (Ayyūbid), 210, 211.
-'Azīz Yūsuf (Mamlūk), 270.

Badr b. Ḥasnawayh, 335.
Bahā-al-dawla (Buwayhid), 334, 339.
Bahlōl [*Yaḥyā*].
Bajkam (Amīr al-Umarā), 333.
Baraka [-Sa'īd].
Barḳūḳ [-Ẓāhir].
Bars-Bāy [-Ashraf].
Baybars [-Ẓāhir].
Begtūzun, 332.
Buwayhids, 333-4.

Dāwūd, 49, 57, 58, 61.
Denia, 328.
Dhū-l-Riyāsatayn, 66-73.
Dhū-l-Wizāratayn, 82.
Dhū-l-Yamīnayn [*Ṭāhir*].
Dulafid, 331.

-Faḍl, Abū-l-, b. Amīr-al-mu'manīn, 100, 101.
-Fā'iz (Fāṭimid), 198.
Faraj [-Nāṣir].
Fatḥ b. -Afshīn (Sājid), *90.*
Fawāris, Abū-l-, Begtūzun, 332.
FILALĪS, 330.

GHĀZĀN, 347.
Ghāzī (II., Zangid), 344.
GHAZNAWIDS, 333.
-Ghūrī [-Ashraf Ḳānṣūh].

-HĀDĪ ('Abbāsid) *Mūsā, 43,* 47; -Mardī, 47.
-Ḥāfiẓ (Fāṭimid), 195-6.
ḤAFṢID, 329.
-Ḥajjāj, b. ['Alī].
-Ḥājjī [Muẓaffar].
-Ḥakam, 55.
-Ḥakam (II., Omayyad Cordova), 327.
-Ḥākim (Fāṭimid), 163-8, 336.
-Ḥākim (Egypt. 'Abbāsid), 247.
ḤAMDĀNIDS, 336.
ḤAMMŪDID, 327.
Ḥamūya, 55.
Ḥārith, 56, 57.
Harthama, 55, 70.
Hārūn b. Khumārawayh (Ṭūlūnid), 140, 141.
Hārūn [-Rashīd].
Ḥasan (or *Jaysh*), *46.*
Ḥasan [-Nāṣir].
-Ḥasan b. Aḥmad (Ḳarmaṭid), 337.
-Ḥasan (Marwānid), 339.
-Ḥasan, Abū-l-, (Ḥamdānid), 336.
ḤASNAWAYHID, 335.
Hishām b. 'Amr, 117.
Hishām (II., Omayyad Cordova), 327.
HŪDID, 328.

Hūlāgū, 346.
-Husayn, Abū-l-, 331.
Ḥuzaym, Ibn, 42.

Ibrāhīm, 49.
Ibrāhīm (II., Aghlabid), 131.
Ibrāhīm (I., 'Othmānlī), 291.
IDRĪSIDS, 328.
Iḳbāl-*al*-dawla 'Alī (DENIA), 328.
IKHSHĪDIDS, 142-6.
-Ikhshīd, 143.
Il-Ghāzī (II., Ortuḳid), 343.
ILKHĀNS OF PERSIA, 346-7.
Ināl [-Ashraf].
Īsā, b. ['*Alī*].
'Īsa b. Manṣūr, 123.
Isḥāḳ b. Aḥmad (Sāmānid), 331.
Isḥāḳ, b. ['*Othmān*].
Isḥāḳ, Abū-, 347.
Ismā'īl [-Ṣāliḥ].
Ismā'īl (Sāmānid), 331.
Ismā'īl (Sharīf), 330.
Ismā'īl (Zangid), 345.
'Izz-*al*-dawla (Buwayhid), 333.

Ja'far, 49, 50, 54, 55, 57, 58, 59, 60, 61.
Ja'far b. (-Manṣūr), 118.
Ja'far [Mīkā'il].
Jaḳmaḳ [-Ẓāhir].
Jaysh (or *Ḥasan*), *46.*
Jaysh b. Khumārawayh (Ṭūlūnid), 139.
JERUSALEM, KINGDOM OF, 351.
Jibraīl, 64.

ḲAĀN, 346.
-*Ḳādir* ('Abbāsid), *333, 335, 339.*
-Ḳāhir ('Abbāsid), 97.

-*Ḳā'im* (*'Abbāsid*), *338*.
-Ḳā'im (Fāṭimid), 150.
Ḳāït-Bāy [-Ashraf].
KĀJĀR, 348.
Ḳalā'ūn [-Manṣūr].
-Kāmil (Ayyūbid), *213*, *214*, 219.
Ḳānṣūh [-Ashraf, -Ẓāhir].
Ḳarīm Khān, 348.
ḲARMAṬID, 337.
KĀSHGHAR ATĀLIK, 348.
-Ḳāsim, Abū-l-, b. -Ikhshīd, 144.
Kay-Kāwus (II., Seljūḳ), 342.
Kay-Khusrū (II., Seljūḳ), 342.
——— Sons of, 342.
Kay-Khusrū (III., Seljūḳ), 342.
Kay-Ḳobād I., 342.
Khalaf, *129*.
Khālid, *51*.
Khalīl [-Ashraf].
KHOḲAND KHĀNS, 348.
Khōshḳadam [-Ẓāhir].
Khudāyār (Khoḳand), 348.
Khumārawayh b. Aḥmad (Ṭūlūnid), 137-9.
Khuzayma b. Khāzim, *47*, *52*.
Ḳilij-Arslān (IV., Seljūḳ), 342.
Kūkburī (Begtigīnid), 345.

Lu'lu, 136.
Lu'lu, Badr-*al*-dīn, 344.

MA'ĀLĪ, ABŪ-L- (ḤAMDĀNID), 336.
-Mahdī Moḥammad ('Abbāsid), *36*, *38*, 42-46, 118-120.
-Mahdī (Ḥammūdid), 327.
-Mahdī (Fāṭimid), 148-9.
-Maḥmūd (Ortuḳid), 343.
Maḥmūd (I., 'Othmānlī), 296-7.
Maḥmūd (II., 'Othmānlī), 308-15

Maḥmūd, Nūr-al-dīn (Zangid), 345.
Maḥmūd (Zangid), 344.
Maḥmūd (Ghaznawid), 333.
Majd-al-dawla (Buwayhid), *335*.
Makīn (?) b. 'Āṣim, 116.
MAMLŪK SULṬĀNS, 239-278.
-Ma'mūn ('Abbāsid), *53*, *61*, *63*, *64*, 65, 71.
MANGIT, 348.
Mangū Ḳaān, 346.
-Manṣūr Moḥammad (Ayyūbid), 212.
-Manṣūr (Fāṭimid), 151.
-Manṣūr 'Alī (Mamlūk), 243.
-Manṣūr Ḳalā'ūn (Mamlūk), 249-50.
-Manṣūr Moḥammad (Mamlūk), 260.
Manṣūr (Sāmānid), 332.
Manṣūr, Abū, b. Amīr-al-mu'manīn, 102, 143.
Manṣūr, b. [*'Isā*].
-Marḍī [-Hādī].
MARĪNID, 329.
Marwān (Omayyad), 114, 115.
MARWĀNIDS, 339.
Mas'ūd (Ghaznawid), 333.
Mas'ūd (Seljūḳ), 341.
Mas'ūd (II., Seljūḳ), 342.
Mas'ūd (I. and II., Zangid), 344.
Mīkā'il b. Ja'far (Sāmānid), 332.
MIRDĀSID, 337-8.
Mōdūd (Zangid), 344.
Moḥammad, 42.
Moḥammad (I., Aghlabid), 129.
Moḥammad (II., Aghlabid), 130.
Moḥammad -'Akkā, 52.
Moḥammad (Ḥafṣid), 329.
Moḥammad (Ḥammūdid), 327.
Moḥammad (Ilkhān), 347.
Moḥammad [-Nāṣir, -Manṣūr].
Moḥammad (III., 'Othmānlī), 290.

Moḥammad (iv., 'Othmānlī), 291-2.
Moḥammad b. Ṣafwān ('Oḳaylid), 338.
Moḥammad (Sājid), 338.
Moḥammad b. -Sarī, 70.
Moḥammad, Sayyid (Khoḳand), 348.
Moḥammad (Seljūḳ), 340.
Moḥammad Bey (Tunis), 318, 319.
Moḥammad Bey *al*-Ṣādiḳ (Tunis), 320, 321.
Moḥammad b. Yaḥyā, 57.
Moḥammad (Zangid), 345.
Mongols, 346-7.
-Mu'ayyad Shaykh (Mamlūk), 267-8.
-Mufawiẓ Ja'far, 82, 83, 84, 85, 135, 338.
-Mu'izz (Fāṭimid), 152-7.
-Mu'izz Aybak (Mamlūk), 242.
Mu'izz-*al*-dawla (Buwayhid), 333.
-Muḳtadī ('Abbāsid), 340.
-Muḳtadir ('Abbāsid), 90-96, *331.*
-Muḳtafī ('Abbāsid), 341-2.
-Muktafī ('Abbāsid), 88, 89, *141, 331.*
Mumahhid-*al*-dawla (Marwānid), 339.
-Muntaḳam [-Ḳāhir], 97.
-Muntaẓar (Imām), 194.
Murābiṭs, 328-9.
Murād (iii., 'Othmānlī), 288-9.
Murād (v., 'Othmānlī), 322.
Mūsā, 48, 49.
Mūsā [-Hādī].
-Mushaddad, 332.
-Mustaḍī ('Abbāsid), *203-4, 207.*
Muṣṭafā (ii., 'Othmānlī), 294.
Muṣṭafā (iii., 'Othmānlī), 298-300.
Muṣṭafā (iv., 'Othmānlī), 307.
-Musta'īn ('Abbāsid), 80.
-Mustakfī ('Abbāsid), *332.*
-Musta'lī (Fāṭimid), 186-7.
-Mustanṣir ('Abbāsid), 106, 123, *220, 224-7, 237.*

-Mustanṣir (Egypt. 'Abbāsid), 245-6.
-Mustanṣir (Fāṭimid), 174-185.
-*Mustarshid* ('Abbāsid), 340.
-Musta'ṣim ('Abbāsid), 107, 108, *228*, *235*, *237*.
-Mu'taḍid Aḥmad ('Abbāsid), *82*, 86, 87, *138*, *139*, *140*, *331*.
-*Mutallib*, *65*, *68*.
-Mu'tamid ('Abbāsid), 82-5, *135-8*, *338*.
-Mu'taṣim ('Abbāsid), 74, 75.
-Mutawakkil ('Abbāsid), 78, 79.
-Mu'tazz ('Abbāsid), *78*, *79*, 81.
-Muṭī' ('Abbāsid), *144*, *145*, *146*, *334*, *337*.
-Muttaḳī ('Abbāsid), 102, *332*.
-*Muwaffaḳ*, *82-84*.
MUWAḤḤIDS, 329.
-Muẓaffar Aḥmad (Mamlūk), 268.
-Muẓaffar Ḥājjī (Mamlūk), 258.

-NĀṢIR ('Abbāsid), 103, 104, *204-6*, *208*, *210-19*, *221-3*, *229-34*.
-Nāṣir Yūsuf (Ayyūbid), 235-6.
-Nāṣir Faraj (Mamlūk), 265-6.
-Nāṣir Ḥasan (Mamlūk), 259.
-Nāṣir Moḥammad (Mamlūk), 253-5.
-Nāṣir Moḥammad (Mamlūk, 2), 276.
Nāṣir-a*l*-dīn (Shāh), 348.
Nāṣir-dīni-llāh Abū-Sa'īd, 333.
Nāṣir-a*l*-dawla (Ḥamdānid), 336.
Naṣr (II., Sāmānid), 332.
Naṣr, Abū-, 331.
Naṣr-Allāh (Mangit), 348.
Naṣr-a*l*-dawla (Marwānid), 339.
NORMAN KINGS OF SICILY, 349.
Nūḥ (I. and II., Sāmānids), 332.
Nur-a*l*-dīn (Zangid), 345.
Nuṣayr, *43*.

'*Obayd-Allāh b. -Sarī*, *66*, *69*.
'OḲAYLID, 338.

'Omar, 48.
'Omar b. 'Abd-al-'Azîz, 331.
'Omar, Abū-Ḥafṣ (Almohades), 329.
OMAYYAD CALIPHS, 1-26, 109-16.
OMAYYADS OF CORDOVA, 327.
Ortuḳ-Arslān (Ortuḳid), 343.
ORTUḲIDS, 343-4.
'Othmān (III., 'Othmānlī), 297.
'Othmān b. Isḥāḳ, 118.
'OTHMĀNLĪ SULṬĀNS, 279-3.

PERSIA, SHAHS OF, 348.

-RABĪ', ABŪ, 329.
-Rāḍī, Abū-l-'Abbās ('Abbāsid), *90-96*, 98-101.
-Rashīd, Hārūn ('Abbāsid), *42*, *46*, 121-2.
Roger II., of Sicily, 349.

SĀDAT al-RU'SA, 337.
Ṣafwān [Moḥammad].
Sahl [Aḥmad].
Sa'īd b. Salm? 52.
Sa'īd Pāshā (Baghdād), 312.
Sa'īd, Abū- (Ghaznawid), 333.
Sa'īd, Abū (Ilkhān), 317.
Sa'īd, b. ['Abd Allāh].
-Sa'īd Baraka Khān (Mamlūk), 248.
-Sa'īd Ghāzī (Ortuḳid), 344.
SĀJID, 90.
Ṣalāḥ-al-dīn (Ayyūbid), 203-9.
Ṣāliḥ b. Mirdās, Asad-al-dawla, 337-8.
-Ṣāliḥ Ayyūb (Ayyūbid), 227-8.
-Ṣāliḥ Ismā'īl (Ayyūbid), 237-8.
-Ṣāliḥ Ismā'īl (Mamlūk), 256-7
-Ṣāliḥ Ṣāliḥ (Mamlūk), 259.
Salīm (I., 'Othmānlī), 283.
Salīm (II., 'Othmānlī), 287.

Salīm (III., 'Othmānlī), 304-6.
SĀMĀNIDS, 331-2.
Ṣard, *58*.
-Sarī, *69*.
,, *b*. [*'Obayd-Allāh*, *Moḥammad*].
Sayf b. -Ṭabarānī, *55*.
Sayf-al-dawla (Ḥamdānid), 336.
Sayyid al-Ra'īs, 337.
Sayyid al-Umarā Abū-'Alī, *332*.
SELJŪḲS, 340-2.
Sha'bān [-Ashraf].
SHĀHS OF PERSIA, 348.
-Shākir (Sijilmāsa), 328.
Sharaf-al-dawla (Buwayhid), 333, 334.
SHARĪFS, 330.
Shīr Zayd, *333*.
SICILY, NORMAN KINGS OF, 349.
Sinjar (Seljūḳ), 341-2.
Sukmān (II., Ortuḳid), 343.
Sulaymān (Ilkhān), 347.
Sulaymān (Marīnid), 329.
Sulaymān (Omayyad), 327.
Sulaymān (I., 'Othmānlī), 284-6.
Sulaymān (II., 'Othmānlī), 293.
Sulaymān Shāh (Seljūḳ), 342.
Sulaymān (II., Seljūḳ), 342.
Sulaymān (Sharīf), 330.

Ṭāhir Dhū-l-Yamīnayn, *68-70*.
-Ṭā'i' (*'Abbāsid*), *332*, *334*.
Thamāl Abū-'Ulwān, 338.
Timurtāsh (Ortuḳid), 343.
Ṭughril Beg (Seljūḳ), 340.
ṬŪLŪNIDS, 133-141.
Tūrān-Shāh (Seljūḳ), 340.

ULJĀITŪ (Ilkhān), 347.

Walī-al-dawla, 89, 331.
-Wāthiḳ ('Abbāsid), 76, 77.
William I. of Sicily, 350.
——— II. ——— 351.

Yaḥyā, 43.
Yaḥyā Bahlūl, 57.
Ya'ḳūb (Almohades), 329.
Yazīd, 43, 44, 55, 57.
Yūluḳ-Arslān (Ortuḳid), 343.
Yūsuf b. Tāshfīn, 328.
Yūsuf (I., Almohades), 329.
Yūsuf [-'Azīz].

-Ẓāfir (Fāṭimid), 197.
-Ẓāhir ('Abbāsid), 105, *219*, *223-4*, *234*.
-Ẓāhir Ghāzī (Ayyūbid), 229-232.
-Ẓāhir (Fāṭimid), 169-173, *338*.
-Ẓāhir Baybars (Mamlūk), 244-7.
-Ẓāhir Barḳūḳ (Mamlūk), 263-4.
-Ẓāhir Jaḳmaḳ (Mamlūk), 270-1.
-Ẓāhir Ḳānṣūh (Mamlūk), 276.
-Ẓāhir Khōshḳadam (Mamlūk), 273.
ZAND, 348.
ZANGIDS, 344-5
Ziyādat-Allāh (I., Aghlabīd), 128.

ولاعى 131.
ب بے 129, 130.
حسب 332.

II.—INDEX OF MINTS

[Cross-references in square brackets.]

MINT.	A.H.	Page.	MINT.	A.H.	Page.
ʻABBĀSĪYA	159	43	Aleppo (Ḥalab)	281	138
	160	,,		286	86
	162	,,		417	337
	164	,,		444	179
	165	44		446	,,
	166	,,		x	345
	168	,,		59x	229
	177?	55		604	230
	x	131		62x	231
				6x8	,,
				614	233
Acre (ʻAkkā)	474	182		616	,,
	484?	183		6xx	235
A.D. 1245	=642	351		777	261
				x	263, 265, 275
Adharbayjān	105	12		(982)	289
Afriḳiya (Tunisia)	112	13			
	168	42	Alexandria(-Iskan-	x	115
	183	52	darīya Miṣr)		
[See Tunis]			(-Iskandarīya)	465	181
				470	,,
				472	182
-Ahwāz	265	82		473	,,
	270	,,		474	,,
	448	340		475	,,
[See Sūḳ-al-				476?	,,
Ahwāz]				478	,,
				479	183
				480	,,
ʻAkkā [Acre]				482	,,

MINT.	A.H.	Page.
Alexandria(-Iskandarīya)	483	183
	486	,,
	504	189
	505	,,
	506	,,
	507	190
	508	,,
	509	,,
	510	,,
	511	191
	512	,,
	513	,,
	514	,,
	524	193
	525	194
	526	195
	543	196
	544	,,
	545	197
	552	198
	570?	203
	575	204
	577	,,
	578	205
	579	,,
	580	,,
	581	,,
	582	,,
	583	206
	585	,,
	589	210
	590	211
	591	,,
	592	,,
	593	,,
	595	211, 212
	5*xx*	211
	596	213
	598	,,
	600	214
	606	,,
	609	,,
	617	219
	623	,,
Alexandria(-Iskandarīya)	629	220
	x	244
	764	260
	7*xx*	261
Algiers (Jazā'ir)	1165	297
	(1171)	300
	1174	,,
Almeria	522	329
	523	,,
Āmul	168	120
-Andalus (i.e. Cordova)	152	327
	153	,,
	161	,,
	166	,,
	173	,,
	185	,,
	196	,,
	197	,,
	201	,,
	207	,,
	220	,,
	221	,,
	231	,,
	235	,,
	241	,,
	24[illegible]	,,
	246	,,
	263	,,
	333	,,
	335	,,
	381	,,
	388	,,
	393	,,
	405	,,
	440	,,
	443	,,

MINT.	A.H.	Page.	MINT.	A.H.	Page.
Andarāba	290	331	Baḥrayn	261	84
	300	,,			
	302	332			
	305	,,	Bājunays [Ma'din Bājunays]		
Ardabīl	316	90			
			Ba'labakk	x	114
Ardashīr Khurra	90	12			
	97	12	Balkh	182	53
				185	,,
				186	,,
Armenia	103	12		187	,,
	145	35		188	54
	149?	,,		189	,,
	152	,,		190	,,
	161	42		193	,,
	168	,,		194	,,
	191	52		312	332
	(1106)	294			
			Bārān	717–33	347
Ascalon ('Aṣḳalān)	503	189			
	506	,,	Bardasīr	362	333
				474	340
Astarābād	x	346		480	,,
				481	,,
Aṭrābulus [Tripoli]			-Baṣra	81	13
				82	,,
				100	,,
				101	14
-Bāb	120	13		136	32
				137	35
				138	,,
Baghdād	656	346		139	,,
	707	347		142	,,
	723	,,		143	,,
	717–33	,,		144	,,
	1231	312		145	36
[See Madīnat-al-Salām]				146	,,
				147	,,

MINT.	A.H.	Page.
-Baṣra	157	36
	l.c.	119
	160	42
	161	,,
	167	43
	198	71
	247	79
	288	86
	324	99
	376	334
Belgrade	(926)	284
Bihḳubādh al-Asfal	90	14
-Biyār	298	331
	426	333
Bukhārā	194	63
	1257	348
	1258	,,
CAESAREA [Ḳayṣariya]		
Cairo (-Mu'izzīya-Ḳāhira)	[508]	200
	518	192
	520	,,
	521	,,
	555	199
	565	,,
,, (-Ḳāhira)	567	314
	570	203
	571	,,
	572	204
Cairo (-Ḳāhira)	573	204
	576	,,
	577	,,
	578	205
	579	,,
	580	,,
	581	,,
	582	,,
	583	206
	584	,,
	586	,,
	587	,,
	588	,,
	589	206, 210
	590	210
	591	211
	592	,,
	594	,,
	595	212
	597	213
	599	214
	607	,,
	615	,,
	622	219
	624	220
	625	,,
	626	,,
	628	,,
	630	221
	631	,,
	632	,,
	635	226
	636	,,
	638	227
	639	,,
	640	,,
	654	242
	[655-7]	243
	661	246
	667	,,
	670	,,
	688	249
	,,	251, 253
	745	256
	752	259

MINT.	A.H.	Page.	MINT.	A.H.	Page.
Cairo (-Ḳāhira)	763	260	Constantinople		
	764	,,	(Ḳusṭanṭinīya)	†1241	309
	765	261		1243	310
	766	262		1244	,,
	768?	,,		1245	310, 312
	770	,,		1246	,, ,,
	801	263		1247	,, ,,
	807	265		1248	311
	810	266		1249	310-12
	812	,,		1250	311-12
	814	,,		1251	311
	81x	265		1252	311-12
	815	267		1253	311
	821	,,		1254	,,
	829	269		1255	316
	840	,,		1256	,,
	843	270		1257	,,
	x	272, 275		1258	,,
[See Miṣr]				1263	317
				1276	,,
Ceuta (Sabta)	x	329	[See Islāmbōl]		
Constantinople			Cordova		
(Ḳusṭanṭinīya)	(918)	283	[See -Andalus]		
	(926)	284			
	(982)	288	Damascus (Di-		
	(1003)	290	mashḳ)	79	15
	x	291		80	,,
	(1115)	295		81	,,
	1222	307		82	,,
	1227	308		83	,,
	1228	,,		84	,,
	1230	,,		86	16
	1232	,,		87	,,
	1233	,,		88	,,
	1235	,,		89	,,
	1236	308-9		90	,,
	*1237	309		91	,,
	*1238	,,		92	,,

* Two coins of 1237 and 1238 have *Dār-al-Khilāfat al-'alīya*, an epithet of Constantinople.

† Adding epithet *al-Maḥrūsa*.

MINT.	A.H.	Page.	MINT.	A.H.	Page.
Damascus	93	16	Damascus	622	223
	94	,,		622-3	223, 224
	95	,,		625	224
	96	17		x	224, 227, 237, 246
	97	,,			
	98	,,		66x	247
	99	,,		671	,,
	100	,,		678	248
	101	,,		681	250
	102	,,		687	,,
	103	,,		689	,,
	104	,,		690	252
	108	18		731	254
	113	,,		735	255
	117	,,		738	254
	118	,,		x	256-7
	123	,,		743	257
	127	,,		744	,,
	128	,,		748	258
	x	114		749	259
	192	121		x	264
	222	75		819	268
	276	139		x	271, 278
	301	90		(926)	285
	312	91		(974)	287
	395	164		(982)	288
	437	176		(1003)	290
	43x	177			
	447	180			
	x	207			
	536	341	Dāmighān	722	347
	558	344			
	578?	208			
	582	,,			
	583	,,	Darābjard	91	14
	586	,,		92	15
	587?	209		95	,,
	610	214		96	,,
	612	215			
	613	216			
	x	216-8	Dastawā	97	15
	615	222			
	616	223			
	617	,,			
	618	,,	Denia	x	328

MINT.	A.H.	Page.
Dimashk [Damascus]		
Dunaysir	625	343
	634	,,
EMESA (Ḥimṣ)	x	109, 110
Erzerūm	717-33	347
FĀRIS	298	95
Fez (Fās)	1115	330
	1218	,,
	1248	,,
Filasṭīn [Palestine]		
Firīm	746	347
-Furāt	95	20
-Fusṭāṭ Miṣr [*See* Miṣr]	x	114
GRANADA (Gharnāṭa)	520	329
	x	,,
ḤALAB [Aleppo]		
Hamadhān	200	122
	281	331
	293	88
	717ff	347

MINT.	A.H.	Page.
Hamadhān	738	347
	744	,,
Ḥamāh	x	207
Ḥarrān	276	137
	300	90
	623	224
Hārūnābād	169	46
-Hārūnīya	169	47
	170	,,
Ḥaṣr Kaghī	717-33	347
Herāt	90	22
	91	,,
	196	73
	199	,,
Ḥimṣ [Emesa]		
-Ḥiṣn (=Kayfa, q.v.)	615	343
ICONIUM [Ḳōniya]		
Iliya Filasṭīn [Jerusalem]		
-ʿIrāḳ	199	67

MINT.	A.H.	Page.	MINT.	A.H.	Page.
Irbil	597	345	-Jabal	587	345
	5xx	,,			
	x	,,			
	660	346	Jayy	92	14
	6x1	,,		94	,,
				128	26
Ishbīlīya [Seville]				162	43
-Iskandarīya Miṣr [See Alexandria]	x	115	Jazā'ir [Algiers]		
Islāmbōl (Stambōl, Constantinople)			-Jazīra	128	14
	(1171)	298		575	344
	1202	301		606	345
	1204	305			
	1205	,,	Jerusalem (Iliyā Filasṭīn)	x	110
	1206	,,			
	1207	,,			
	1208	304-5			
	1210	,, ,,	-Jisr	80	14
	1211	304			
	1213	305			
	1215	,,	Jordan district (-Urdunn)	x	113
	1216	,,			
	1217	304-5			
	1220	304			
[See Constantinople]			Junday-Sābūr [See Sābūr]	140	36
Iṣpahān	197	70	-Kāhira [Cairo]		
	198	,,			
	200	,,			
	201	71	Karkīsīyā	275	338
	229	76			
	717ff	347			
			Kāshān	717-33	347
Iṣṭakhr	91	13		738	,,
	92	,,			
	94	,,	Kāshghar	1291	348
	95	,,			
	96	,,			
	98	,,	Kaṣr-al-Salām	169	44

MINT.	A.H.	Page.	MINT.	A.H.	Page.
Kayfâ [-Ḥiṣn]			-Kûfa	101	20
				132	32
Kayfa?	628	343		135	,,
				136	,,
				137	37
-Ḳayrawân	305	148		139	,,
	306	149		140	,,
				142	,,
				143	,,
Ḳayṣarīya				144	,,
(Caesarea)	617	342		145	,,
				146	,,
				147	,,
Ḳazwin	717-33	347		163	120
	x	,,		206	72
				292	89
Khilaṭ	698	347			
			Kûmis	x	121
Khōi	727	347			
			Ḳumm	294	88
			,, ?	301	92
Khōḳand	1272	348			
	1273	,,			
	1274	,,	Ḳusṭanṭinīya		
	1275	,,	[Constantinople]		
	1276	,,			
			Lu'lu'a	666?	342
Ḳinnasrīn	x	110, 114			
			Ma'din Bājunays	191	61
Kirmān	90	20			
	91	,,			
	93	,,	Ma'din al-Shāsh	190	61
	94	,,	[See Shāsh]		
	100	,,			
			Madīnat-al-Salām		
Ḳōniya (Iconium)	619	342	(Baghdād)	148	38
	625	,,		149	,,
	635	,,		150	39
	644?	,,		151	,,
	660	,,		152	,,

MINT.	A.H.	Page.	MINT.	A.H.	Page.
Madīnat-al-Salām (Baghdād)	153	39	Madīnat-al-Salām (Baghdād)	286	87
	154	,,		290	89
	155	,,		291	,,
	156	,,		294	,,
	157	39, 119		297	95
	158	39		302	,,
	159	45		303	96
	160	,,		304	,,
	161	,,		305	92
	162	,,		306	92, 96
	163	,,		312	96
	164	,,		315	,,
	171	59		319	,,
	179	,,		320	,,
	180	,,		321	97
	181	,,		322	97, 100
	182	60		323	100
	183	,,		324	,,
	185	,,		325	,,
	186	,,		326	101
	187	,,		327	,,
	188	,,		328	,,
	189	,,		329	102
	190	,,		,,	333
	191	,,		330	102
	192	61		331	336
	193	,,		349	333
	,,	63		358	,,
	194	,,		360	,,
	195	,,		363	,,
	196	,,		403	334
	198	67		404	,,
	,,	72		448	340
	199	,,		501	,,
	200	,,		505	,,
	215	68		513	,,
	222	74		608	103
	226	75		609	,,
	227	76		611	,,
	230	77		612	104
	244	79		613	,,
	258	83		614	,,
	266	85		616	,,
	267	83		617	,,

MINT.	A.H.	Page.	MINT.	A.H.	Page.
Madīnat-al-Salām			-Manṣūrīya	342	152
(Baghdād)	621	104		344	153
	622	105		351	,,
	638	106		352	154
	639	,,		353	,,
	x	123		360	155
	640	107		361	156
	642	,,		362	,,
	643	,,		363	,,
	649	108		365	157
	650	,,		367	158
	654	,,		369?	159
[See Baghdād]				371	160
				374	,,
				381	162
-Maghrib	202	69		410	166
	203	,,		412	167
	205	70		427	172
				428	,,
				42x	173
-Mahdīya	341	151		432?	185
	34x	153			
	353	154			
	360	155	Māridīn	599	343
	362	156		606	,,
	363	,,		646?	344
	364	157		x	,,
	365	,,			
	374	160	Mashhad Mukad-		
	378	161	das	1268	348
	388	163			
	390	164			
	411	166-7	Mayyāfāriḳīn	385	338
	412	167		394	,,
	x	168		407	339
	420	170			
	422	171			
			Merv	90	21
				91	,,
				93	,,
Māhī	97	20		95	,,
	98	,,		99	,,
				110	,,
				226	74
Manādhir	94	21		246	78

MINT.	A.H.	Page.
Miṣr al-Fusṭāṭ	x	114
Miṣr al-Iskandarīya	x	115
Miṣr (Egypt, i.e. its capital)	167	120
	199	68
	200	”
	201	”
	202	69
	203	”
	204	”
	209	”
	226	77
	227	76
	232	”
	238	78
	240	”
	242	”
	243	”
	245	79
	249	80
	250	”
	259	83
	260	84
	263	”
	264	352
	266	135
	267	”
	269	136
	270	”
	271	137
	272	”
	274	”
	277	138
	278	”
	279	”
	280	”
	281	”
	283	139, 140
	284	140
	285	”
Miṣr	287	140
	288	141
	289	”
	290	”
	291	”
	292	88
	293	”
	294	”
	295	352
	296	92
	297	352
	298	”
	301	93
	302	”
	304	”
	306	”
	307	”
	308	”
	309	”
	310	”
	311	”
	312	94
	313	”
	317	”
	318	”
	319	”
	320	”
	322	98
	323	”
	325	”
	326	”
	327	99
	328	”
	329	99, 102
	331	143
	341	152
	351	145
	355	146
	358	155
	359	”
	360	”
	361	156
	362	”
	363	157
	364	”

MINT.	A.H.	Page.	MINT.	A.H.	Page.
Miṣr	365	157	Miṣr	435	175
	366	158		436	176
	367	,,		437	,,
	368	,,		438	,,
	369	159		439	177
	370	,,		440	,,
	371	160		441	178
	372	,,		442	,,
	373	,,		443	,,
	374	,,		444	179
	375	,,		445	,,
	376	161		446	,,
	377	,,		447	180
	379	,,		448	,,
	380	,,		450	,,
	381	162		451	,,
	383	,,		452	,,
	384	,,		453	,,
	385	,,		454	,,
	388	163		455	181
	389	164		457	,,
	390	,,		459	,,
	392	,,		460	,,
	393	,,		461	,,
	395	164		470	,,
	400	,,		473	182
	403	165		485	183
	404	,,		486	,,
	406	168		492	186
	408	165		493	187
	409	166		494	,,
	411	,,		497	188
	412	169		500	,,
	414	,,		501	,,
	416	,,		502	,,
	417	170		504	189
	418	,,		505	,,
	423	171		506	189, 200
	426	172		507	189
	427	,,		508	190
	429	174		509	,,
	430	,,		510	,,
	431	175		511	191
	432	,,		512	,,
	433	,,		513	,,

MINT.	A.H.	Page	MINT.	A.H.	Page.
Miṣr	514	191	Miṣr	1252	314
	515	192		1253	"
	516	"		1254	"
	517	"		1255	317
	519	"		1256	318
	523	193		1257	317-8
	528	195		1258	" "
	529	196		1259	317
	533	"		1260	"
	536	"		1261	317-8
	541	"		1262	" "
	549	198		1263	317
	624	220		1264	"
	(926)	286		1266	317-8
	929	"		1267	" "
	952	"		1268	" "
	(974)	287		1269	317
	(982)	289		1270	317-8
	(1003)	290		1271	317
	(1049)	291		1272	318
	1103	294		1278	320
	(1115)	295		1280	"
	(1168)	297		1281	"
	(1171)	298		1282	"
	1183	299		1283	"
	1187	301		1284	"
	1188	301-2		1285	"
	1193	302		1286	"
	1194	"		1287	"
	1203	306		1288	"
	1215	"		1289	"
	1218	"		1290	"
	1222	307		1291	"
	1235	313		1292	"
	1236	"		1293	322
	1241	313-4		1304	323
	1243	313-5	[*See* Cairo, Fusṭāṭ]		
	1244	313, 315			
	1245	" "			
	1246	" "	-Moḥammadiya		
	1247	" "	(= -Rayy)	148	38
	1248	" "		149	"
	1249	" "		150	"
	1250	313-4		151	"
	1251	314		152	"

MINT.	A.H.	Page.
-Moḥammadīya	153	38
	160	44
	161	"
	165	45
	166	"
	167	"
	170	56
	171	"
	172	"
	173	57
	175	"
	180	"
	181	"
	182	58
	183	"
	184	"
	185	"
	186	"
	188	"
	189	"
	190	"
	193	"
	197	72
	225	74
	312	92
[*See* -Rayy]		
-Mōṣil	[*c.* 50]	118
	295	89
	$32\frac{1}{2}$	97
	323	101
	327	"
	585	344
	586	"
	607	"
	608	"
	620	"
	627	"
	631	"
	645	"
	64*x*	"
	650	"
	656	"
	x	"
-Mōṣil	663	346
	664?	"
	669	"
	x	"
-Mubāraka	108	21
	117	"
	119	"
	174	56
-Muʿizzīya and Muʿizza [Cairo]		
NAHR-TĪRA	93	22
Nakhchuwān	717-33	347
Naṣībīn	$2^{6}_{7}4$	85
	318	96
	322	97
	323	101
	329	102
	330	336
	59[4]	344
Naysābūr	194	64
	293	331
	294	"
	298	"
	314	332
	324	"
	384	"
	387	"
	397	333
	400	"
	457	340

MINT.	A.H.	Page.	MINT.	A.H.	Page.
OMDURMĀN	1310	324	Ra's-al-'Ayn	$31\frac{1}{9}$	94
	1311	,,		323	99
PALERMO [See Sicily]	x	350	Rasht	598	342
			-Rayy	96	18
				130	116
				145	118
Palestine (Filasṭīn)	290	141		146	36
	301	91		147	,,
	307	92		148	,,
	$3\frac{3}{4}6$	144	[See -Moḥamma-		
	337	,,	dīya]		
	341	,,			
	$3xx$	,,			
	350	145	SABTA [Ceuta]		
	351	,,			
	353	,,			
	355	146	Sābūr	91	18
	361	337		92	19
	362	,,		93	,,
	369	159		98	,,
	399	164	[See Junday-		
	428	174	Sābūr]		
	438	177			
	444	179			
	447	180	Sābūr-Khuwāst	397	335
	x	183			
[See Jerusalem, Iliya]			Samarḳand	193	55
				194	63
				195	,,
-RĀFIḲA	189	121		197	71
	190	54		198	,,
	268	136		199	,,
	273	137		200	,,
	274	82		201	,,
	278	138		253	81
	281	86		268	83
	300	91		270	,,
				283	331
				284	,,
Rāmhurmuz	80	18		286	,,

MINT.	A.H.	Page.
Samarḳand	287	331
	288	,,
	289	,,
	291	,,
	295	,,
	296	,,
	297	,,
	300	,,
	301	,,
	302	332
	303	,,
	304	,,
	305	,,
	306	,,
	307	,,
	308	,,
	309	,,
	310	,,
	311	,,
	312	,,
	318	,,
	325	,,
	326	,,
	328	,,
	331	,,
	3x2	,,
	333	,,
	334	,,
-Sāmiya	131	19
Ṣan'ā	310	91
Saraḳusṭa [Zaragoza]		
Sāwa	717-33	347
Serez (Sirūz)	(926)	285
	(974)	287
Seville	519	329
-Shāsh	251	80
	280	331
	282	,,
	283	,,
	284	,,
	285	,,
	286	,,
	287	,,
	288	,,
	289	,,
	290	,,
	291	,,
	292	,,
	293	,,
	294	,,
	295	,,
	296	,,
	297	,,
	299	,,
	301	331-2
	303	332
	306	,,
	311	,,
	314	,,
	315	,,
	316	,,
	317	,,
	321	,,
	324	,,
	325?	,,
[*See* Ma'din *al*-Shāsh]		
Sicily (Ṣiḳiliya = Palermo)	369	159
	377	161
	x	167
	421	170
	422	171
	425	,,

MINT.	A.H.	Page.
Sicily	*x*	173, 184
	4*x*5	185
	459	,,
	536	350
[*See* Palermo]		
Sidra-Ḳaysī	(926)	284-5
	(982)	288
Sijilmāsa	471	328
Sijistān	90	19
	97	,,
Ṣiḳilīya [Sicily]		
Sinjār	596	345
	600	,,
	717-33	347
Sīrūz [Serez]		
Sīwās	623	342
	634	,,
	635	,,
	647 or 9	,,
	667	,,
Stambōl [Islāmbōl]		
Sūḳ-al-Ahwāz	90	19
	98	,,
	311	91
	316	,,
	325	98
Sūḳ-al-Ahwāz	368	333
	369	,,
	370	,,
[*See* -Ahwāz]		
Sulṭānīya	717-33	347
Ṣūr [Tyre]		
Surraḳ	98	19
Surra-man-ra'ā	235	79
	251	81
	261	83
	288	87
	302	95
	304	,,
	313	,,
	317	,,
	323	100
	327	,,
Ṭabaristān (Dār-al-mulk)	1279	348
Ṭabarīya [Tiberias]		
Tabrīz	683	347
	686	,,
	68*x*	,,
	(1115)	295
	1186	348
	1187	,,
Tāḳdamt	1255	330
	1256	,,

MINT.	A.H.	Page.
Ṭarābulus [Tripoli]		
Ṭarābulus Gharb [Tripoli, Africa]		
-Taymara	96	14
	97	,,
Tiberias [Ṭabarīya]	*x*	114
	436	176
Tiflīs	$65\frac{1}{2}$	346
Ṭihrān	1297	348
Tilimsān	*x*	329
Tripoli (Ṭarābulus, Aṭrābulus)	365	157
	435	176
	436	,,
	438	177
	439	,,
	449	180
	465	181
	471	182
Tripoli, Africa (Ṭarābulus Gharb)	1078	292
	(1143)	296
	1193	302
Tudgha	174	328

MINT.	A.H.	Page.
Tunis	1080	292
	1100	293
	1166	296
	1173	299, 300
	1186	,, ,,
	1188	302-3
	1250	315
	1251	,,
	1267	319
	1272	318
	1276	319
	1281	320-1
[*See* Afrīkiya]		
Tyre (Ṣūr)	423	171
	439	177
	442	178
	443	179
	446	,,
	452	180
	456	181
	496	188
	502	,,
	509	190
	514	191
	515	192
	516	,,.
-Urdunn (Jordan)	*x*	113
Walīla	l*xx*	328
Wāsiṭ	85	22
	86	,,
	87	,,
	89	,,
	90	,,
	91	,,
	92	,,
	93	23
	94	,,

MINT.	A.H.	Page.	MINT.	A.H.	Page.
Wāṣiṭ	95	23	Wāsiṭ	129	26
	96	,,		130	,,
	97	,,		131	,,
	99	,,		284	87
	103	,,		289	,,
	104	,,			
	105	,,			
	106	,,	-Yamāma	168	46
	107	,,			
	108	24			
	109	,,	Yazd	717-33	347
	110	,,		738	,,
	111	,,			
	112	,,			
	113	,,	-Zahra, Madīnat	33*x*	327
	114	,,		339	,,
	115	,,		345	,,
	116	24, 115		349	,,
	117	24		354	,,
	118	25			
	119	,,			
	120	,,	Zaragoza	*x*	328
	121	,,			
	122	,,			
	123	25, 116	Zaranj (M.)	179	54
	124	25		180	55
	125	,,		184	,,
	126	,,		185	,,
	127	,,		187	,,
	128	,,		192	,,

THE END.

www.ingramcontent.com/pod-product-compliance
Lightning Source LLC
Chambersburg PA
CBHW030427300426
44112CB00009B/884
* 9 7 8 3 7 4 4 7 5 5 2 8 3 *